中国体育用品制造业服务化路径研究

杨少雄 著

人民体育出版社

图书在版编目（CIP）数据

中国体育用品制造业服务化路径研究 / 杨少雄著. -- 北京 : 人民体育出版社, 2024. -- ISBN 978-7-5009-6478-0

Ⅰ. F426.89

中国国家版本馆CIP数据核字第2024TX0907号

*

人 民 体 育 出 版 社 出 版 发 行
北京明达祥瑞文化传媒有限责任公司印刷
新　华　书　店　经　销

*

710×1000　16开本　12印张　227千字
2024年10月第1版　2024年10月第1次印刷

*

ISBN 978-7-5009-6478-0
定价：60.00元

社址：北京市东城区体育馆路8号（天坛公园东门）
电话：67151482（发行部）　　邮编：100061
传真：67151483　　　　　　　邮购：67118491
网址：www.psphpress.com

（购买本社图书，如遇有缺损页可与邮购部联系）

摘 要

基于"中国制造2025"背景,以体育用品制造业为例,实证分析各影响因素与体育用品制造业服务化路径选择的关联及其作用机理,从而建立体育用品制造业服务化的动力机制及其实现路径,为新时代我国体育用品制造业高质量发展寻找更符合我国国情且更具效率的发展模式与道路。具体研究结果如下:

一、构建"中国制造2025"背景下我国体育用品制造业服务化路径的理论框架

①对"中国制造2025"、制造业服务化、体育用品制造业等概念进行梳理整合,使之成为合乎逻辑、内在性质一致且互相支撑的概念体系;②构建我国体育用品制造业服务化路径研究的理论框架,包括对体育用品制造业服务化的内涵、基本特征进行梳理和辨析;③重点提炼以德国、美国、英国和日本为代表的发达国家体育用品制造业服务化发展理念、战略、解决问题的思路及实施步骤。

二、"中国制造2025"背景下我国体育用品制造业服务化动力及动力机制分析

①通过问卷调查的方式了解体育用品制造业企业对"中国制造2025"政策措施的认知和接受程度;②采用专家访谈、实地调查、小型会议等方式,探寻"中国制造2025"背景下我国体育用品制造业服务化的动力因素,并对动力因素进行约简,确定主要因素。

三、我国体育用品制造业服务化发展的推进路径

根据对体育用品制造业服务化动力的研究结果,研究"产品+服务""增值服务""整体解决方案""去制造化"这4类体育用品制造业服务化路径选

择的因素传导效应和演进机理，并提出相应的对策与建议。

四、"中国制造2025"背景下我国体育用品制造业服务化的路径探索和挑战分析

①基于调研与案例资料收集，分析体育用品制造业在服务化发展转型升级中进行路径探索与实践的现实情况；②在理论分析和实际案例分析的基础上，结合课题组掌握的数据和资料，分析体育用品制造业服务化发展中存在的问题和面临的挑战。

五、发达国家体育用品制造业服务化推进路径与经验

①从体育用品制造业呈现投入服务化、产出服务化趋势，以及大批量生产转为大规模定制、一体化转为生态圈的战略理念重构，指出体育用品制造企业服务化的积极态势；②基于全球价值链的角度，分析发达国家体育用品制造业服务化的4种推进路径，并结合阿迪达斯、耐克、亚瑟士和美津浓等体育用品品牌企业服务化实践探索，总结发达国家体育用品制造业服务化的基本经验。

六、体育用品制造业服务化演进路径的探索性案例剖析

①从"中国制造2025"发展契机着手，用企业家精神助力体育制造业服务化的高质量发展；②选取安踏体育作为服务化路径与实践探索案例，从产品溯源化、产品服务化、基于服务创新的制造企业路径转型模型3个层面着手，并对中小体育用品制造业企业服务化路径进行探索。

七、体育用品制造业服务化发展方向与实现方略

①提出中国体育用品制造业服务化发展的重点方向：服务性生产、生产性服务、创造性服务；②从编制中国体育用品制造业服务化发展规划、推进企业数字转型、构建服务化技术创新体系、完善服务化发展生态、促进产业集群发展、提高企业国际竞争力6个层面推进我国体育用品制造业服务化发展。

目 录

绪论…………………………………………………………（1）

  第一节 研究背景与研究意义……………………………（1）

  第二节 文献综述………………………………………（6）

  第三节 研究思路与研究内容……………………………（11）

  第四节 研究方法与主要创新点…………………………（15）

第一章 相关概念界定与理论基础………………………………（18）

  第一节 相关概念界定…………………………………（18）

  第二节 理论基础………………………………………（24）

第二章 中国体育用品制造业发展现状及其面临的困境…………（30）

  第一节 中国体育用品制造业发展现状…………………（30）

  第二节 中国体育用品制造业"大而不强"现象突出………（37）

第三章 中国体育用品制造业服务化发展的紧迫性与重要性……（43）

  第一节 中国体育用品制造业迈向价值链中高端的突出问题……（43）

  第二节 中国体育用品制造业服务化发展的重要性…………（49）

  第三节 中国体育用品制造业服务化发展的可行性…………（52）

第四章　中国体育用品制造业服务化的动力及动力机制………（ 56 ）

  第一节　中国体育用品制造业服务化的动力因素……………（ 56 ）

  第二节　中国体育用品制造业服务化的动力机制……………（ 68 ）

第五章　中国体育用品制造业服务化发展的推进路径…………（ 81 ）

  第一节　路径选择原则……………………………………………（ 81 ）

  第二节　中国体育用品制造业服务化不同路径的演进机理………（ 82 ）

第六章　中国体育用品制造业服务化路径探索与面临的挑战…（ 91 ）

  第一节　中国体育用品制造业服务化的路径探索与实践………（ 91 ）

  第二节　中国体育用品制造业服务化面临的挑战………………（103）

第七章　发达国家体育用品制造业服务化推进路径与经验……（109）

  第一节　新工业革命背景下体育用品制造业服务化新趋势………（110）

  第二节　发达国家体育用品制造业服务化推进路径与实践探索…（118）

  第三节　发达国家体育用品制造业服务化的基本经验……………（125）

第八章　中国体育用品制造业服务化推进路径的典型案例……（130）

  第一节　"安踏体育"服务化路径与实践探索……………………（130）

  第二节　中小格斗用品制造业企业服务化推进路径与实践探索…（139）

  第三节　中小武术用品制造业企业服务化推进路径与实践探索…（149）

第九章　中国体育用品制造业服务化发展方向与实现方略……（161）

　　第一节　中国体育用品制造业服务化发展的重点方向…………（161）
　　第二节　中国体育用品制造业服务化的实现方略………………（172）

研究结论……………………………………………………………（182）

致谢…………………………………………………………………（183）

绪 论

改革开放以来，我国体育产业从无到有，从小到大，在助力稳经济、促消费、激活力方面取得显著成效，体育产业规模不断扩大，体育用品制造业也获得快速发展，我国成为国际闻名的体育用品制造大国。但由于国际发展形势越发复杂，社会发展日新月异，我国体育用品制造业的发展环境发生巨大变化。如何立足我国强大的体育用品制造业，抓住时代机遇，积极探索体育用品制造业服务化发展新模式，加快体育用品制造业服务化发展，成为我国体育用品制造业转型升级发展的重要命题。近年来，在宏观层面上，我国积极实施"体育+"战略，加快了体育用品制造业服务化的战略布局，着力推进高新技术、信息技术和新媒体等在体育用品制造业中的广泛应用，增强我国体育用品的研发能力，提升体育用品制造业的自主创新能力，不断提高体育用品制造业的国际竞争力。在微观层面上，体育用品制造业企业通过经营理念创新和技术创新，加强了体育制造技术和流程的升级改造，并不断向服务业延伸探寻新的发展空间，实现了体育产品升级、功能升级、质量升级和技术升级，有力推进了体育用品制造业与服务业的融合发展。

第一节 研究背景与研究意义

一、研究背景

体育产业作为新兴产业、绿色产业、朝阳产业，近年来取得了突飞猛进的发展。据国家体育总局、国家统计局联合发布的数据公告，2016年全国体育产业总规模（总产出）为19011.3亿元，增加值为6474.8亿元；2017年全国体育产业总规模（总产出）为21987.7亿元，增加值为7811.4亿元；2018年全国体育产业总规模（总产出）为26579亿元，增加值为10078亿元，首次突破1万亿元；2019年全国体育产业总规模（总产出）为29483.4亿元，增加值为11248.1亿元，2019年全国体育产业总规模较2016年增长55.1%，产业增加值较2016年增长73.7%，显示出我国体育产业强劲的增长潜力和巨大的市场空间（图0-1）。

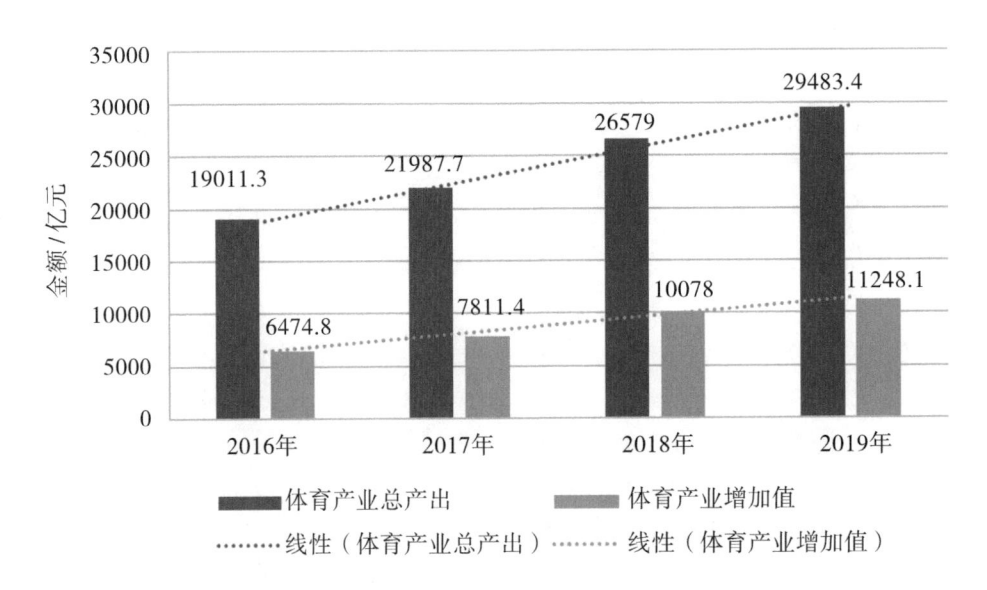

图0-1 2016—2019年我国体育产业产值及增加值

（数据来源：根据2016—2019年全国体育产业总规模与增加值数据公告整理）

从体育产业的内部结构看，2016—2019年我国体育服务业发展势头良好，呈现增长趋势，且势头较猛，总产出从2016年的6827.1亿元增加至2019年的14929.5亿元，占体育产业总产出的比重从35.9%增长至50.6%。体育用品及相关产品制造在体育产业中占据重要地位，相较体育服务业而言，增长速度较慢，但也呈现较快的发展态势。2016年我国体育用品及相关产品制造总产出达11962.1亿元，增加值为2863.9亿元；2017年我国体育用品及相关产品制造总产出达13509.2亿元，增加值为3264.6亿元；2018年我国体育用品及相关产品制造总产出达13201亿元，增加值为3399亿元；2019年体育用品及相关产品制造业的总产出达13614.1亿元，实现增加值3421亿元（图0-2）。

图0-2 2016—2019年全国体育产业、体育用品及相关产品制造产值

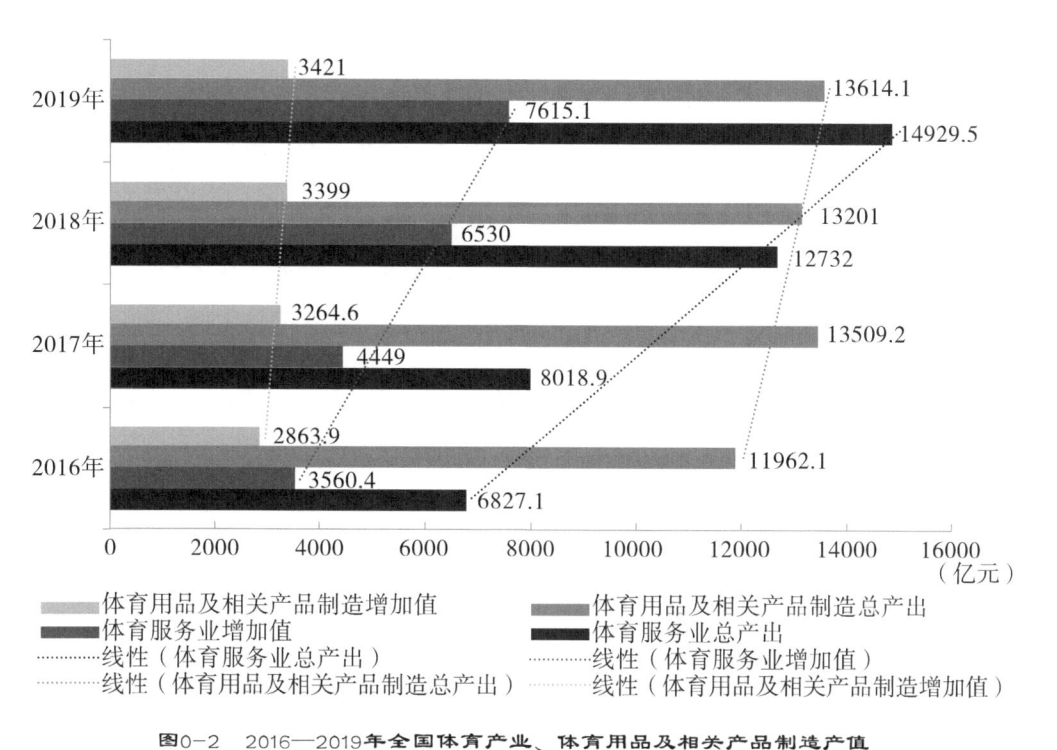

（数据来源：根据2016—2019年全国体育产业总规模与增加值数据公告整理）

由以上数据可知，我国体育产业正处于稳步增长阶段，体育服务业与体育用品及相关产品制造进入发展上升期。同时，伴随体育服务业的快速发展，体育服务业增加值在体育产业中所占比重继续上升，体育用品制造业服务化发展也将进入一个崭新的发展阶段。

另外，当前中国体育用品制造业发展所依赖的自然资源优势和劳动力优势呈减弱趋势，而印度、越南、泰国等周边国家由于具有劳动力成本优势，成为发达国家体育用品制造业企业和耐克、阿迪达斯等跨国企业生产外包所青睐的低劳动成本市场，这使中国体育用品制造业不仅面临发达国家高端技术垄断和分销体系控制所带来的压力，而且面临新兴发展中国家生产的低价位、同质化产品的威胁。体育用品制造业服务化发展，有利于体育用品制造企业向产业链两端的研究、设计、品牌管理以及产品销售等附加价值较高的环节转移，不仅能够为客户、供应商创造价值，还能实现基于服务实现产品的差异化，有效提高我国体育用品附加值，进一步优化我国体育用品出口结构，成为我国体育用品制造企业提高国际贸易与分工地位的重要路径。

从政策出台的情况来看，近年来我国对体育产业高度重视并出台了一系列相关政策。2014年10月20日，国务院印发了《关于加快发展体育产业促进体育消费的若干意见》，提出到2025年，体育产品和服务更加丰富，产业结构更加合理，体育服务业在体育产业中的比重显著提升，体育产业总规模超过5万亿元的发展目标；2015年，国务院印发《中国制造2025》，提出加强品牌质量，推行绿色制造，加快制造与服务协同发展，促进制造业向服务化方向转变；为了贯彻落实《中国制造2025》，2016年7月12日，工业和信息化部、国家发展和改革委员会、中国工程院共同制定了《发展服务型制造专项行动指南》，以促进制造和服务全方位、宽领域、深层融合，提高制造业服务化水平，建立与制造强国相适应的服务型制造格局。2019年国务院办公厅印发《体育强国建设纲要》，进一步提出要建立完整的产业链，推动体育产业高质量发展，促进体育用品制造业转型升级和体育服务业提质增效。

上述分析说明，我国制造业政策倾向于支持制造业和服务业融合发展，关于体育产业、体育强国以及制造业服务化等领域的文件出台，彰显了政府对制造业服务化转型升级的支持，也为我国体育用品制造业企业指明了转型方向。未来我国体育用品制造业企业在服务化转型中，需要得到政府财政、税收、金融和法律法规政策方面的大力支持，以推动体育用品制造业服务化转型。

二、研究意义

体育产业是朝阳行业，是关乎国计民生的一个产业。2014年，在《国务院关于加快发展体育产业促进体育消费的若干意见》中明确指出，要积极扩大体育产品和服务供给，推动体育产业成为我国制造业转型升级的重要力量。2015年，国务院印发《中国制造2025》，提出大力发展服务型制造业，到2025年基本实现服务化转型。因此，对我国体育用品制造业服务化进行全面、深入的研究，对于加快我国体育用品制造业转变发展方式、推进体育用品制造业服务化发展战略具有非常重要的意义。

（一）理论意义

体育用品制造业是体育产业一支不可或缺的生力军。自2001年申奥成功以来，我国体育用品及相关制造业迅速发展，2008年北京奥运会的成功举办更是掀起了国人对体育消费的热情，对体育用品的需求不断增长，我国体育用品及相关产品制造业面临新的历史发展机遇。国家统计局和国家体育总局发布的数据显示，我国体育用品及相关产品销售、出租与贸易代理显著增长，2016年总产出达4019.6亿元，增加值为2138.7亿元，到2019年总产出达4501.2亿元，增加值为2562.0亿元，分别增长了10.69%和16.52%。可见，在经济保持较快增长的背景下，随着政策利好，居民消费水平提升以及广大消费者对健康生活的追求、对体育精神的向往，人民群众的体育消费需求进一步提高，体育用品市场有较大提升空间和更快的增长趋势，体育用品制造业的发展进入一个新的发展时期。

此外，全球经济已经步入了服务经济时代，制造业服务化、体育用品制造业服务化成为必然趋势。现阶段，我国的体育用品制造产业逐步向服务化方向转型，需要不断学习与探索，但从目前学术界的研究来看，大多是以整个制造业行业为研究对象，缺少对体育用品制造业服务化的针对性研究，本书在我国经济发展背景下，对体育用品制造业服务化的研究，具有研究意义。

因此，本著作的研究具有以下理论价值：

①以中国体育用品制造业为研究对象，深入研究我国体育用品制造业服务化路径的选择问题，有助于进一步丰富体育产业转型升级和制造业服务化研究的理论框架。

②对体育用品制造业服务化的阶段性和路径演进规律的深入探讨，有利于揭示我国体育用品制造业服务化的特征与变化规律，有利于提升体育用品制造业转型升级的效率和效益。

（二）实践意义

新时代背景下，充分抓住国际、国内产业结构调整机遇，推动体育用品制造业从价值链低端向高端跃进和攀升，是加快建设体育强国，促进体育产业成为国民经济支柱产业亟须研究的重要课题。目前，我国体育用品制造业面临业态大而不强、产品附加值较低、信息化水平不高、关键技术的自给率较低、与关联产业融合度较低、体制机制不灵活等突出问题，而制造业服务化作为制造业转型升级的重要模式，其发展质量效益、发展现实路径都有待深入探究。由此，对我国体育用品制造业服务化水平的研究，有利于深度探索出适合我国体育用品制造业服务化水平提升的现实路径，有利于全面拓展产业发展空间，并积极主动参与到"中国制造"以及"全球制造"产业分工和竞争当中，有利于加快布局高端服务型制造业占领高端产业领域、同步推动中低端制造业升级到产业链高端环节，有利于更好构建现代经济体系和现代产业体系，助力我国由制造大国向制造强国迈进。

因此，本著作的研究具有以下实践价值：

①体育用品制造业服务化是我国体育用品制造业高质量发展的现实需要。本课题是在近年来我国政府提出"中国制造2025"的产业背景下提出的，研究体育用品制造业服务化路径选择的影响因素，揭示我国体育用品制造业产业升级、企业成长的规律，对推动我国体育用品制造业转型升级具有重要的现实意义和实践指导作用。

②我国体育用品制造业是由体育全球化及中国制造业的快速发展衍生出来的，体育用品产能高、产量大、产品价格低，处于产业链低端。在供给侧改革背景下，体育用品制造业服务化发展，有助于中国体育用品业破解过剩产能困境，优化产业结构，为培育差异化竞争优势提供一些借鉴和启示。

③对体育用品制造业面临的竞争威胁和发展机遇进行细致梳理，可为决策层制定推进我国体育用品制造业转型升级、提高国际市场竞争力的相关政策提供理论依据。

第二节 文献综述

一、关于制造业服务化动力机制的研究

（一）服务化概念

服务化的概念最早是在1976年Levitt分析发展中国家对发达国家的产业替代和竞争优势时提出的，认为服务化是"企业通过向产品中增加服务而由提供纯产品转向为提供产品—服务组合而创造价值的过程。"[1]这一观点得到了学术界众多学者的认可，通过服务化提高制造业成为研究的热点。

此后，学者们对服务化定义的内涵不断丰富。Vandermerwe和Rada是最先对服务化一词进行延伸发展的学者，他们指出，"制造企业从原先提供

---

[1] 刘译文.制造企业服务化战略研究综述[J].科学论坛，2016（12）：243-244.

的产品或附加于产品上的服务转变为提供完整的'产品—服务包'"[1]。Whiteetal则沿用了服务化一词，并进一步延伸了对于服务化的理解，这种延伸主要表现在"产品服务化"概念的提出，他们认为制造企业及其产品都会由于服务化而处于一个动态的转变过程之中，在这个过程中，企业由物品提供商转变为服务提供商，而产品的概念则由单一的有形产品转变为涵盖了以产品为基础的无形服务，这时有形产品更多的是扮演着服务承载平台和媒介的角色[2]。有研究者指出，"为了满足顾客需求，提高自身竞争优势，改善企业绩效，制造企业开发服务的变革过程""服务化是企业从提供产品到提供产品服务系统（PSS）而进行的组织能力和过程的创新"[3]。

从国内学术界的研究来看，多数学者包括政府官员比较认可"制造业服务化"这一概念。在政府颁布的相关政策文件中，已多次正式提出了制造业服务化的概念。如2009年国务院颁布的《装备制造业调整和振兴规划》中就已提到制造业服务化，并提出现代制造服务业的发展目标；中国机械工业联合会也提到现代制造服务业的发展目标。国内关于制造业服务化的研究始于1999年，从发文量上看，在2005年后总体呈现快速增长的态势[4]，主要集中以下几个方面：一是制造业服务化导向，如刘建国基于商业模式创新与市场导向视角，探讨制造业服务化转型路径、商业模式创新和市场导向对制造业服务化的影响[5]；二是竞争优势，如胡查平以我国3家具有代表性的典型制造业企业为例，分析影响制造业服务化战略竞争优势构建的内、外部关键因素，并构建"企业关键资源—企业独特能力—企业竞争优势"框架[6]；三是产业转型，如周大鹏将企业层面的微观视角与产业结构演变的中观视角相结合，研究制造业服务对产业转型升级的作用[7]；四是产业融合，如黄群慧等从产业融合的

---

[1] Vandermerwe S, Rada J. Servitization of business: Adding value by adding services [J]. European Management Journal, 1988（6）: 314-324.

[2] 解季非. 制造业服务化：演进机理、效率与路径选择 [D]. 天津：天津大学, 2019.

[3] 孙柏林. 现代制造发展的新趋势：制造业服务化 [J]. 自动化技术与应用, 2017, 36（1）: 1-8.

[4] 张一鸣. 制造业服务化研究综述——基于文献计量分析 [J]. 纳税, 2018, 12（31）: 290-292.

[5] 刘建国. 商业模式创新、先动市场导向与制造业服务化转型研究 [J]. 科技进步与对策, 2016, 33（15）: 56-61.

[6] 胡查平, 胡琴芳. 制造业服务化战略竞争优势构建的理论框架——基于制造业的多案例分析 [J]. 中国流通经济, 2020, 34（4）: 87-99.

[7] 周大鹏. 制造业服务化对产业转型升级的影响 [J]. 世界经济研究, 2013（9）: 17-22.

视角分析了一体化解决方案的内涵、动力及路径，并利用多案例研究比较分析一体化解决方案的主要模式和产业融合路径[1]；五是服务增强，以微观企业运作为研究对象，物联网作为平台，探讨装备制造企业产品服务增强策略；六是制造业服务化融入全球价值链，如斌魏倩等运用投入产出表、中国工业企业数据和海关进出口企业数据等合并数据，系统考察制造业服务化对企业价值链升级的影响[2]。

综上可知，制造企业从最初提供单纯的产品过渡到增加与产品密切相关的服务，再进化到为客户提供与产品相关的组合系统，其目的是比其竞争对手创造出更多价值来维持公司的竞争优势。传统的市场观念已经向新的范式转变——新产品或新服务带来的新价值才能不断满足客户的需要[3]。

（二）服务化动力

服务化意味着有更高、更稳定的利润，对于制造业而言，服务化是转型升级的重要发展动力。服务化动力在制造业中集中体现在3个方面：首先是产业链价值重心的转移。"微笑曲线"可以充分诠释价值重心转移在产业链上的具体表现，制造业生产加工环节在整体产业链中所能创造的价值是最少的，反而是上下游产业如研发、设计、营销等涉及服务的领域能创造更多的附加价值。因为生产制造环节的科技含量一般较低，难度较小，所以更容易被学习和复制，因此，难以形成核心竞争力。而服务环节具有更加复杂且不断变化的特点，因此形成产业链重心转移，逐渐以服务为中心的趋势。其次是促进市场良性竞争和推进发展。服务环节成为企业竞争力的主要因素，其在产业链中具有特殊的作用。依据发达国家在产业链上发展的经验，要想掌握整条产业链，必须依赖服务环节，而掌握高端环节的同时也就掌握了产业链上的价值[4]。最后是价值主张和运营管理的积极转变。除了价值主张的变革，企业组织的创新能力及从销售到产品再到服务的方式，是驱动制造企业服务化的

---

[1] 黄群慧，霍景东.产业融合与制造业服务化：基于一体化解决方案的多案例研究[J].财贸经济，2015（2）：136-147.

[2] 斌魏倩，吕越，祝坤福.制造业服务化与价值链升级[J].经济研究，2016，51（3）：151-162.

[3] 陈知然，于丽英.服务化理论最新研究进展[J].商业经济与管理，2014（8）：57-63.

[4] 周佳盛.制造业服务化动力与路径分析[J].现代商贸工业，2017（2）：49-50.

关键动力。

（三）服务化模式

服务化模式的变革是驱动制造业转型的主要动力来源，服务化模式的革新是制造业从创建、开发到产品价值和附加价值的核心，把服务继承到产品生产中，形成制造业服务化模式的创新。

制造业服务化模式变革所形成的新兴价值主张，引导制造业企业从单向的价值交付转变为价值的共同创造，而驱动的服务化变革是通过获取新的资源重新配置内部结构[1]。由于制造业的成本和定价机制主要与所创造的价值有关，服务化产品的价格往往远高于生产成本之和，因此增加了利益相关者产生服务产品分享矛盾的风险[2]。

服务化模式的划分依据是产品与服务在整个生产中的比重。从发展历程来看，可以简要归纳为3个层次：第一是初级服务化模式，主要是产品独立阶段，而服务为附带业务；第二是中等服务化模式，其中服务有重要功能，服务与产品相互依赖；第三是高度服务化模式，转变为服务独立，而产品成为辅助工具[3]。

二、关于制造业服务化模式的研究

近30年来，国内外学者在对服务化概念的讨论与界定的基础上，逐步开始涉足于分析服务化的演变模式、服务化的绩效价值等问题。

①在制造业服务化模式研究方面，比较典型的有三阶段论、四阶段论以及"产品—服务连续带"理论。Vandermerwe & Rada 在服务化概念界定的基础上，将制造业服务化分为企业为客户提供产品、产品加部分附加服务、产

---

[1] 戴克清.制造业服务化演进动态：从曲线到模块的策略选择[J].中国科技论坛，2021（3）：84-92.

[2] Barquet B, Oliveira G, Amigo C, et al. Employing the business model concept to support the adoption of product-service systems（PSS）[J]. Industrial marketing management, 2013, 42（5）：693-704.

[3] 李婧雯.中国制造业服务化发展趋势及影响因素研究[D].湖南：湘潭大学，2016：13-14.

品和集成服务3个阶段，提出了制造业服务化演化的三阶段理论。在此基础上，White提出制造业服务化模式演变的四阶段论，将服务化过程分为嵌入服务、拓展服务、客户相关服务和一体化综合解决方案服务4个阶段。连续带理论（Continuum Theory）指出，制造向服务的过渡是一个连续动态的过程，大约可分为销售产品、资本性租赁、租赁+附加服务、销售服务、产品+附加服务、维护性租赁、销售功能7个阶段。国内学者也比较认可连续带理论，刘继国和赵一婷对于服务化的定义就是制造业企业投入服务化和产出服务化齐头并进的过程。綦良群等基于内地30个省市截面数据进行实证研究，利用依赖度指标构建了服务化水平综合测度模型，提出服务化过程由服务附加阶段、"产品+服务"阶段、服务型装备制造阶段3个阶段构成。这些研究对制造业服务化的战略演进研究作出了重要贡献。

②对制造业服务化战略与企业绩效进行了研究。关于制造业服务化战略分类的研究，主要包括服务导向的制造战略、服务导向战略以及以产品为中心的服务化运作战略，这些不同表述方式的本质是相同的，主要是指以客户为中心，在销售产品的基础上增加服务，提供的服务从以"产品为导向的服务"向以"用户过程为导向的服务"转变，在转变过程中强调客户互动关系从以交易为基础向以关系为基础的转变。这些分类方法在一定程度上揭示了制造业服务化战略的转型和发展过程。在制造业服务化与企业绩效关系的研究方面，学界存在3种不同的观点：第一种观点认为制造业服务化提高了企业绩效；第二种观点是制造业服务化抑制了企业绩效；第三种观点认为制造业服务化与企业绩效之间存在着非线性关系，包括"U型""倒U型"和"马鞍型"3种。上述观点虽存在鲜明的对立，但都反映制造业服务化受市场环境、产业部门及所在地区服务行业传统等外在因素的影响。

三、关于体育用品制造业服务化路径的研究

近10年来，随着我国人口红利逐渐消失和要素成本的上升，体育用品制造业转型升级已成为业界和学术界的共识。近年来，国外学界主要是从国际劳工标准、技术级、可用资本、融资成本、出口市场、原材料、劳动力成本等角度出发，研究这些因素对体育用品制造业的影响效应。国内学界在这方面的研究主要集中在三大方面：一是从全球价值链视角探讨体

用品制造业的转型升级；二是从行业（企业）层面研究体育用品制造业转型的类型、产业升级的路径及中国体育用品制造业国际转移的趋势；三是基于"中国制造2025"、供给侧结构性改革等时代背景的研究。文献梳理发现，目前对中国体育用品制造业转型升级的研究涉及较广，既关注价值链下体育用品制造业的转型升级，也从行业（企业）层面讨论了转型升级路径的建构，还思考了"中国制造2025"背景下体育用品制造业的供给侧改革问题。但对体育用品制造业服务化问题的理论研究稍显滞后，对体育用品制造业服务化发展的新趋势与特点的分析不够细致，关于体育用品制造业服务化发展路径的研究未引起国内学术界的广泛关注，在一定程度上影响了对体育用品制造业服务化机理的研究，也影响了制造业服务化相关政策的实施效果。

当前，国内以安踏体育、泰山体育、特步、361°等为首的体育用品制造业企业服务化发展的实践形式丰富多样，但理论研究与现实状况相互脱节，理论无法较好地指导实践，实践亦无法推进现有理论。因此，在"中国制造2025"背景下，服务化发展将成为体育用品制造业转型升级的一个新的重要影响因素，需要统筹考虑进行研究。

第三节 研究思路与研究内容

一、研究思路

本课题研究思路是项目负责人近些年在晋江国家体育产业基地实地调研与理论探索的基础上，针对体育用品制造业服务化发展的直观认知和文献分析提炼出来的。具体步骤分为4个阶段：文献梳理和理论分析—构建体育用品制造业服务化路径选择理论框架—在企业实地调查统计、实地访问和收集数据的基础上进行体育用品制造业服务化的关联因素及路径选择动因的实证分析—以探索性案例分析探讨推进我国体育用品制造业服务化发展的政策性建议。具体研究思路如图0-3所示。

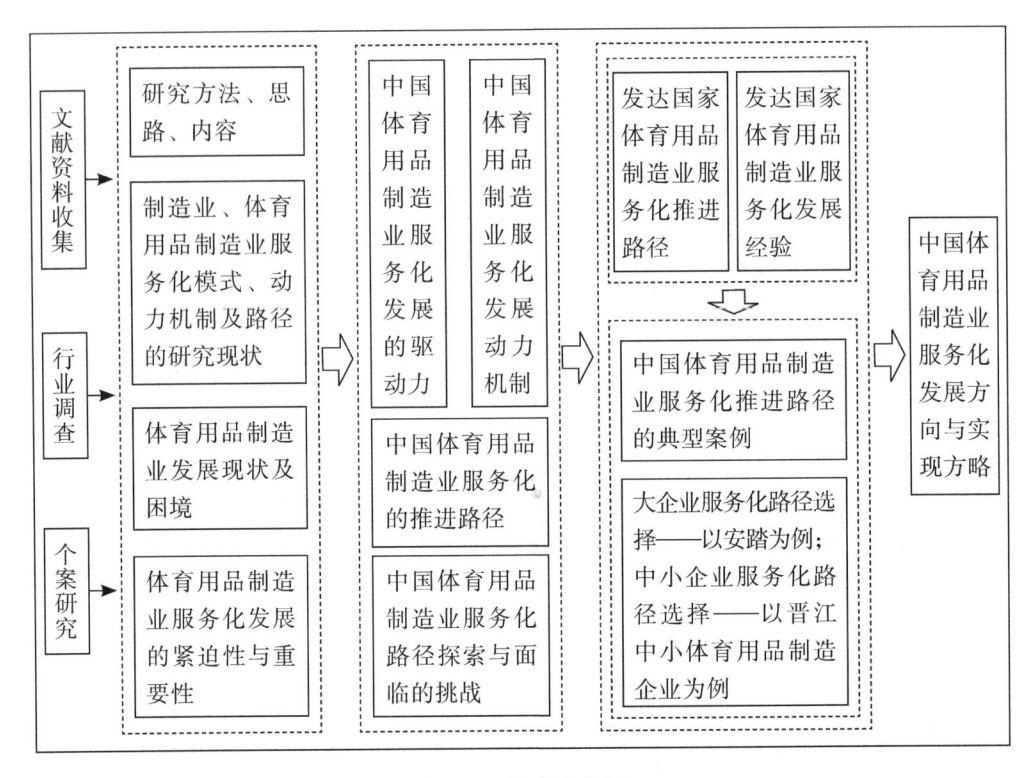

图0-3 技术路线图

二、主要研究内容

（一）构建"中国制造2025"背景下我国体育用品制造业服务化路径的理论框架

①对"中国制造2025"、制造业服务化、体育用品制造业等概念进行梳理整合，使之成为合乎逻辑、内在性质一致且互相支撑的概念体系；②构建我国体育用品制造业服务化路径研究的理论框架，包括对体育用品制造业服务化的内涵、基本特征进行梳理和辨析；③重点提炼以德国、美国、英国和日本为代表的发达国家体育用品制造业服务化发展理念、战略、解决问题的思路及实施步骤。

（二）"中国制造2025"背景下我国体育用品制造业服务化动力及动力机制分析

在分析我国体育用品制造业服务化特征的基础上，结合"中国制造2025"政策环境的影响，探寻在"中国制造2025"背景下我国体育用品制造业服务化发展的动力所在。主要研究内容包括：①通过问卷调查的方式了解体育用品制造业企业对"中国制造2025"政策措施的认知和接受程度；②采用专家访谈、实地调查、小型会议等方式，探寻"中国制造2025"背景下我国体育用品制造业服务化的动力因素，并对动力因素进行约简，确定主要因素。

（三）我国体育用品制造业服务化发展的推进路径

根据对体育用品制造业服务化动力的研究结果，研究"产品+服务""增值服务""整体解决方案""去制造化"这4类体育用品制造业服务化路径选择的因素传导效应和演进机理，并提出相应的对策与建议。主要研究内容包括：分析我国体育用品制造业服务化路径的选择原则，结合不同服务化路径下不同类型企业的转型升级策略，进一步揭示我国体育用品制造业服务化推进路径的演进机理。

（四）"中国制造2025"背景下我国体育用品制造业服务化的路径探索和挑战分析

本部分主要在上述对我国体育用品制造业服务化的推进路径演进机理深入剖析的基础上，对体育用品制造业在服务化过程中的路径探索与实践进行归纳总结。主要研究内容包括：①基于调研与案例资料收集，分析体育用品制造业在服务化发展转型升级中进行路径探索与实践的现实情况；②在理论分析和实际案例分析的基础上，结合课题组掌握的数据和资料，分析体育用品制造业服务化发展中存在的问题和面临的挑战。

（五）发达国家体育用品制造业服务化推进路径与经验

本部分主要包括：①新工业革命背景下体育用品制造业服务化的新趋势，从体育用品制造业呈现投入服务化、产出服务化趋势及大批量生产转为大规模定制、一体化转为生态圈的战略理念重构，指出体育用品制造企业服务化的积极态势；②基于全球价值链的角度，分析发达国家体育用品制造业服务化的4种推进路径："产品服务化路线""知识技术密集型的高端服务路线""产品服务一体化路线""服务产品化路线"，并结合阿迪达斯、耐克、亚瑟士和美津浓等体育用品品牌企业服务化实践探索，总结发达国家体育用品制造业服务化在装备工业技术、先进制造技术、科技研发创新战略、产业互联网、服务化模式等方面的基本经验。

（六）体育用品制造业服务化演进路径的探索性案例剖析

从"中国制造2025"发展契机着手，用企业家精神助力体育制造业服务化的高质量发展，包括创新精神、责任担当精神、工匠精神、爱国守法奉献精神、合作共享精神。选取安踏体育作为服务化路径与实践探索案例，从产品溯源化、产品服务化、基于服务创新的制造企业路径转型模型3个层面着手，对中小体育用品制造业企业服务化路径进行探索。

（七）体育用品制造业服务化发展方向与实现方略

提出中国体育用品制造业服务化发展的重点方向：服务性生产、生产性服务、创造性服务，认为应从编制中国体育用品制造业服务化发展规划、推进体育用品制造企业数字转型、构建体育用品制造业服务化技术创新体系、完善体育用品服务化发展生态、促进体育用品制造业产业集群发展、提高体育用品制造企业国际竞争力6个层面推进我国体育用品制造业服务化发展。

第四节 研究方法与主要创新点

一、研究方法

（一）文献资料法

通过福建师范大学图书馆、中国知网、谷歌学术等收集、整理体育用品制造业转型升级、制造业服务化发展等相关文献资料，阅读国内外现有关于制造业服务化水平研究的文献。在对这些文献资料进一步梳理、分析、总结的基础上，分析当前体育用品制造业转型升级、制造业企业服务化领域的研究现状，借鉴现有研究中的一些研究思路与方法，提出本课题的研究视角和主要研究内容。

（二）田野调查法

深入福建省晋江市安踏体育、361°等体育用品制造业企业，进行实地调研、现场访谈，获取一手材料，并对调研收集的材料、数据进行分析加工，梳理安踏体育公司服务化发展的动力和动力机制，并就安踏体育公司服务化路径的演进机理进行逻辑思维分析，总结其服务化路径的探索实践经验，为推动体育用品制造业服务化升级提供实践与理论指导。

（三）案例分析法

案例分析法是社会科学研究的基本方法，意在通过对案例即特殊情况的分析，找寻、推演分析同类型事件的一般情况或解决办法。运用规范的多案例分析，对体育用品制造业企业实施服务化战略的动因、所面临的各种挑战、应对挑战的举措等进行分析，旨在为我国体育用品制造业服务化发展路径提供实践经验和可行办法。

选取安踏体育等体育用品制造业企业作为案例进行研究，虽受到个案的局限性和地区的差异性等影响，个案不能表现总体或代表总体，但通过安踏体育等体育用品制造业企业的个案研究描述和再现过程及其背后隐含的逻辑，却具有一定的普遍性，对我国体育用品制造业服务化发展具有一定参考价值。

（四）比较分析法

比较分析法是把两个及以上的客观事物进行比较，目的在于对事物的本质和规律有清晰的认识并作出正确的评价。通过对体育用品制造业企业不同服务化路径选择及产生的差异进行比较分析，探寻体育用品制造业企业服务化发展的现状、困境、紧迫性和必要性，以及驱动力和驱动机制等，提出推进体育用品制造业服务化发展路径，在该基础上通过比较发达国家体育用品制造业服务化推进路径与经验，探讨中国体育用品制造业服务化推进路径的典型案例，提出中国体育用品制造业服务化发展方向与实现方略。

二、主要创新点

体育用品制造业服务化是我国体育用品制造业当前发展的迫切需要。本著作基于"中国制造2025"背景，以体育用品制造业为例，实证分析各影响因素与体育用品制造业服务化路径选择的关联及其作用机理，为新时代我国体育用品制造业高质量发展寻找更符合我国国情且更具效率的发展模式与道路，主要创新点有：

（一）"中国制造2025"战略对体育用品制造业服务化发展的作用

实施"中国制造2025"战略是引领中国实现从制造业大国向制造业强国转变的第一步，是推动我国体育用品制造业服务化转型升级、提高核心竞争力的行动指南。因此，基于"中国制造2025"视角，探讨我国体育用品制造业服务化发展的路径，并进一步挖掘体育用品制造业服务化竞争力提升的要素，为体育用品制造业服务化驱动、转型升级及综合竞争力的提升提供参考依据。

（二）体育用品制造业服务化有助于提升我国体育产业国际竞争力

体育用品制造业是我国较早嵌入全球价值链的制造业之一，其服务化发展有利于推动体育用品制造业企业从以产品为中心向以顾客为中心转移，促进企业向价值链两端延伸，提高企业参与体育产业全球价值链的程度，进而推动我国体育产业转型升级，提升体育产业在全球价值链体系中的分工地位，提升我国体育产业的国际竞争力。

（三）建立体育用品制造业服务化的动力机制及其实现路径

采用文献资料法、田野调查法、案例分析法等研究方法，在分析中国体育用品制造业发展现状的基础上，探寻中国体育用品制造业服务化的动力、机制与发展路径，确定不同服务化路径的两类企业服务化阶段的划分依据、标准和阶段变更机理，揭示我国体育用品制造业服务化的演化规律。

第一章
相关概念界定与理论基础

制造业服务化是以制造为基础,以服务为导向,使制造业由提供"产品"向提供"产品+服务"转变,是制造与服务深度融合的一种先进制造模式,是面向制造的服务和面向服务的制造协同发展的新型产业形态。制造业服务化是全球性的发展趋势,是引领我国体育用品制造业产业升级和提升国际竞争力的重要途径,但我国体育用品制造业结构中一般加工制造占较大比重、服务化程度较低、发展模式创新不足,只有在制造中积极融入服务,向价值链"微笑曲线"两端延伸,才能不断提升我国体育用品企业的核心竞争力,实现更高的体育产品"附加价值",实现从体育用品制造大国向制造强国转变。

第一节 相关概念界定

一、制造业服务化的内涵和特征

(一)制造业服务化的概念界定

制造业服务化概念的提出可追溯到生产性服务业的兴起。Greenfield在研究服务业及其分类时,提出了生产性服务业的概念。到了20世纪80年代,制造业服务化问题引起了学者的广泛关注,Vandermerwe和Rada首次提出制造业服务化的概念,认为服务化就是制造企业以顾客为中心提供更加完整的"包",包括物品、服务、支持、自我服务和知识,并且服务在整个"包"中居于主导地位,是企业利润增值的主要来源。之后的学者在研究制造业服务化问题时,基本沿用了这一概念,但研究侧重点存在差异。如White认为,服务化是制造商由物品提供者向服务提供者转变的一个动态变化过程。Fishbein和Makowe则把制造业服务化界定为制造企业从卖产品到卖服务的身份转变。Burger和Lester提出服务增强型制造业概念,认为制造业需要向服务增强型制造业转变。国内关于制造业服务化的研究虽然起步较晚,但随着全球制造业服务化的快速发展,学术界对服务化概念的研究水平也不断提高。国内学者主要使用"制造业服务化、制造业服务增强和服务型制造"等概念描述制造业服务化。此外,类似概念还有服务增强型制造、服务嵌入型制造、知识导向型制造、服务导向型制造、服务型制造、现代制造服务业等,相关研究基本上都是从制造与服务融合发展产生的新业态或制造新模式方面研究制造业服务化问题。赵一婷、刘继国立足于迈克尔·波特的价值链理论,认为制造业服务化包含投入服务化和产出服务化。简兆权、伍卓结合"微笑曲线"理论提出,制造业服务化包括沿着"微笑曲线"两端延伸的所有服务环节;郭怀英从产业价值链角度,把制造业服务化定义为服务在制造业价值链中所占比重、产品附加值不断增加的动态变化过程。

上述多位学者从不同的角度对制造业服务化进行了诠释,从内容上看,目前学术界对于Vandermerwe和Rada的观点还是普遍认可的,其在我国也被很多学者引用,对我国制造业服务化发展影响较大。笔者认为目前的制造业服务化应该从产业角度进行界定,"制造业服务化应重点从产业层面研究服务化的一般规律和存在的普遍问题等;根据各国制造业、各地区制造业、制造业各行业服务化的经验,归纳出服务化的发展动力、主要特征、模式路径、发展趋势等一般规律,对不同地区、不同产业的服务化发展水平进行比较;针对存在的普遍性问题制定支持性政策等"[1]。从外延来看,制造业服务化涵盖价值链前端、中端和后端的所有服务活动,它随着专业化分工的深化,不断出现各种形式的服务。

(二)制造业服务化的基本特征

1. 主体是制造企业

制造业服务化的主体是制造业企业,也就是说制造业服务化的核心是制造

---

[1] 林风霞,刘仁庆. 中国制造业服务化的模式选择与对策研究[J]. 中州学刊,2017(11):31-36.

业企业，而不是制造业与服务业的简单相加，应该是在制造业企业的基础上更多地增加服务要素，同时通过不断优化和创新生产模式，如技术创新、客户需求定制化服务、售后服务等，增加服务在投入阶段与产出阶段的比重，从而提升制造业企业的服务化水平。

2. 产品服务化

对于进行制造业服务化的企业来说，其关键是在追求产品生产的基础上，更加注重用户或客户的服务化需求，这就有别于传统的制造业企业将重点放在产品生产技术和产品成本的控制降低维度上。但是，服务化需求又不完全等同于单纯的服务，而是在产品基础上，依附于产品的服务化需求，这种服务化需求目的在于让客户提升对产品的需求度和满意度，以此来促进制造业的发展。

3. 需求个性化

近年来，随着消费需求的多元化，供给端在满足消费需求的过程中，在产品生产基础上会不断根据消费需求，改进供给端的生产、不断优化产品的性能、增强产品的个性化，致力于使产品生产与消费需求相匹配，实现制造业产品生产向"微笑曲线"两端攀升。

二、体育用品制造业服务化的内涵与特征

（一）体育用品制造业的概念界定

体育用品制造业作为我国制造产业和体育产业的重要组成部分，对我国制造产业和体育产业的发展有重要推动作用。我国体育用品生产主要涉及体育健身、体育娱乐、体育竞赛，以及相关的体育活动等所有体育运动用品制造和经营活动的公司或代表。从其涉及的范围来看，体育用品制造业涵盖较广，有体育服装类制造、鞋帽类制造、功能饮料类制造、运动食品制造、运动器材制造等，目前学界对于体育用品制造业的概念尚未有比较统一的标准。鲍明晓认为体育用品制造业是一个各类体育产品生产企业的集合。主要包含了服装、鞋、帽、健身器等产业，它是一个集合的行业和体系[1]。也有学者从企

---

[1] 鲍明晓.体育产业：新的经济增长点[M].北京：人民体育出版社，2000：12.

业角度认为，体育用品制造业是指进行体育器材、服装、仪器设备等物品生产的企业[1]。另有学者根据国家经济行业分类把体育用品制造业界定为"凡是直接参与体育娱乐、体育健身、体育活动和体育赛事等所有与体育活动有关的体育用品及以体育用品生产经营为目的的单位集合"[2]。

（二）体育用品制造业服务化的内涵

体育用品制造业服务化是体育用品制造业企业由生产产品或提供产品到生产产品与附加服务的转变。也就是说，体育用品制造业企业从产品的提供者向产品与服务的提供者转变。有学者提出，制造业服务化可以分为投入服务化和产出服务化。投入服务化是指服务要素在制造业全部中间投入中所占比重不断增加的现象；产出服务化是指服务在制造业的产出中所占比重不断上升的现象[3]8。如果从投入与产出来看，体育用品制造业服务化应是企业内部服务职能强化与独立的生产性服务业之间的关系。

体育用品制造业投入服务化应该包括生产性服务投入和服务性生产投入两个方面。体育用品制造业生产性服务投入涉及研发、咨询、金融、财务、流通等产业链中的上游与下游之间的生产协作。由于体育用品制造业竞争的越发激烈，通过增加服务性使体育用品制造实现降低成本、分散风险等，让体育用品制造业企业专注于核心竞争力的提升和效益的增值。体育用品制造业服务性生产投入特指产品服务化或业务服务化或服务增强或服务导向战略或企业服务创新等。体育用品制造业服务性生产投入的产出服务化之后，企业由单纯提供产品转变为提供"产品服务系统"，由最初的仅出售产品，到提供辅助性服务，如安装、物流、维护与维修等，再到产品逐渐成为服务的载体，最后为企业直接提供全面的解决方案；提供的服务种类多种多样，包括传统的安装维修、物流、咨询、培训、租赁、融资、技术服务、信息服务，以及根据客户具体的个性化需求提供全面解决方案[3]10。

---

[1] 连桂红，孟凤芹.我国体育用品制造业发展的现状及对策研究[J].西安体育学院学报，2004（2）：29-38.

[2] 康利利."供给侧改革"视角下山东省体育用品制造业的发展研究[D].山东：山东体育学院，2017：10-11.

[3] 黄婷婷.制造业服务化的经济效应与作用机制研究[D].山东：山东大学，2014：8；10.

（三）体育用品制造业服务化的基本特征

1. 体育产品基础性

体育用品制造业服务化主要是包括与体育产品相关的服务或附加的服务性产品，其服务的范围则是围绕体育用品制造业企业的产品生产进行的，体育产品仍是体育用品制造业的基础资源。对于体育用品制造业企业而言，提供体育产品的服务使体育产品与相关服务之间越契合，其所带来的收益或价值则越高。体育产品基础性强调服务化发展过程中制造业企业应该注重产品与服务的匹配性，尤其是初涉服务领域的制造业企业，应考虑自身产品的特性并提供与之契合的服务活动，以此降低制造业企业转型过程中由于业务重心变化或转移而导致的成本投入增加等问题。

2. 参与主体多元化

随着体育用品制造业的市场竞争越发激烈，制造业企业自身的有限资源和水平难以完全满足市场消费的多元化、多样化及个性化需求。因此，对于体育用品制造业企业而言，应通过多元主体提供更加多元化的服务元素进行创新升级。在产业融合发展的大趋势下，产业之间的发展边界、企业之间的竞争边界逐渐模糊和淡化，各利益主体都相应融合到一起，加入体育用品制造业服务化进程中。也就是说，体育用品制造业服务化趋向于多主体参与共同创新发展。制造业企业服务化发展过程中基于自身资源和能力的有限性，需要吸引、整合更多的利益主体参与到企业的服务创新过程中，以更好满足市场需求，提升顾客的满意度和忠诚度。而多主体的参与同样会带来成本增加、资源浪费等问题。因此，在服务化的过程中，协调处理多主体的互动关系至关重要[1]。

3. 价值创造元素化

体育用品制造业服务化是从产品生产到产品生产和提供服务相结合的跨

---

[1] 张培，张丽平，李楠.制造业服务化演进特征与逻辑框架[J].科技和产业，2019，19（11）：16—21.

越，这种结合表现出不同于产品生产的单一性，而是由不同类型的服务元素所创造的更多价值，从而显现出体育用品制造业服务化价值创造的元素化。传统的体育用品制造业以产品生产制造为唯一获得价值收益的途径，而随着服务化的发展，体育用品制造业企业开始向服务领域发展，体育产品的附加服务被称为价值创造的主要源泉。这也就使越来越多的体育用品制造业企业的价值创造在不断通过服务形成差异化的竞争优势，从而获取发展竞争力。在传统经营模式下，价值流通的渠道是借助产品从经销商、零售商再到顾客逐层的传递，产品制造商与顾客之间存在严重的价值和信息不对称的现象。制造业服务化转型战略的实施改变了企业与顾客的角色定位，顾客由价值消耗者转向价值共创者，企业也由原来的产品生产商转变成为服务提供商，企业通过"+服务"或"+互联网"等方式提供顾客与企业之间的互动、顾客与顾客之间的互动平台或入口，以此实现价值传递[1]。

4. 需求服务个性化

从产品和服务提供方式上来看，客户需求对促进制造业企业服务化具有重要的作用，为客户带来更大的效用，满足客户的需求，提供个性化服务将成为服务化的主要内容[2]。当前，个性化消费模式对体育用品制造业生产制造产生强烈的影响，个性化的服务需求成为刺激体育用品制造业服务化转型的方向。最为显著的是，生产要素由过去大时代时期的物质资本转变为知识和信息资本，信息化使知识更新的速度加快，生产要素也由保守固定的机器资本转变为充满个性和自由的资本，信息化下的知识经济使产品价值最大化[3]。体育用品制造业就必须形成与个性化服务需求相对应的"产品+服务"的生产模式。

5. 价值获取体验化

体育用品制造业服务化过程还表现为价值创造的服务体验化。所谓体验，指体育用品制造业企业以服务为主，借助体育产品创造价值。不同于传统的产品生产制造，在有形的产品与无形的服务中创造出来的全新体验是提

---

[1] 张培，张丽平，李楠.制造业服务化演进特征与逻辑框架[J].科技和产业，2019，19（11）：16-21.

[2] 高文群.制造业服务化的动力机制和模式选择[J].中共贵州省委党校学报，2014（1）：29-32.

[3] 杨雪莲.个性化消费模式对消费升级的刺激与效益研究[J].商业经济研究，2018（14）：51-53.

高消费者忠诚度非常有效的办法。将体育产品作为理性工具，将服务作为内在即存在于每个人心中或情感上的一种参与所得，让消费者产生对产品价值的认同。有学者提到，在体验经济的时代里，产品或服务的推广，应先经过体验的提供，让消费者对各种消费价值产生认同之后，才会有最终的消费行为[1]。

第二节 理论基础

一、"中国制造2025"战略概述

制造业是国民经济的主体，是立国之本、兴国之器、强国之基。新一代信息技术与制造业深度融合，正在引发影响深远的产业变革，形成新的生产方式、产业形态、商业模式和经济增长点，全球产业竞争格局正在发生重大调整，我国在新一轮发展中面临巨大挑战。我国制造业面临发达国家和其他发展中国家"双向挤压"的严峻挑战，必须放眼全球，加紧战略部署，着眼建设制造强国，固本培元，化挑战为机遇，抢占制造业新一轮竞争制高点。

全面贯彻党的十八大和十八届二中全会、十八届三中全会、十八届四中全会精神，坚持走中国特色新型工业化道路，以促进制造业创新发展为主题，以提质增效为中心，以加快新一代信息技术与制造业深度融合为主线，以推进智能制造为主攻方向，以满足经济社会发展和国防建设对重大技术装备的需求为目标，强化工业基础能力，提高综合集成水平，完善多层次、多类型人才培养体系，促进产业转型升级，培育有中国特色的制造文化，实现制造业由大变强的历史跨越[2]。要坚持把创新摆在制造业发展全局的核心位置，完善有利于创新的制度环境，推动跨领域、跨行业协同创新，突破一批重点领域关键共性技术，促进制造业数字化、网络化、智能化，走创新驱动的发展道路；坚持把结构调整作为建设制造强国的关键环节，大力发展先进

---

[1]陈卓，江露.消费价值体验与服务品牌的关系述评[J].商场现代化，2008（21）：131.
[2]国务院.中国制造2025［EB/OL］．［2021-07-23］．http://www.gov.cn/zhengce/content/2015-05/19/content_9784.htm.

制造业，改造提升传统产业，推动生产型制造向服务型制造转变。优化产业空间布局，培育一批具有核心竞争力的产业集群和企业群体，走提质增效的发展道路[1]。

2014年，"中国制造2025"被首次提出。2015年国务院明确提出以实现制造强国为目标的"中国制造2025"战略。战略明确提出，到2025年，我国实现从全球制造业的"第三方阵"转移到"第二方阵"，并且在2050年，我国从制造业大国转变为制造业强国。促进中国制造业向中端和高端发展，大力发展技术密集型产业，拥有自己的核心技术，增强我国企业在全球的竞争力；转变生产型制造为服务型制造，转变要素型驱动为创新驱动，转变成本优势为质量优势[2]。"中国制造2025"的颁布实施，将使我国制造业提升到一个新的水平和层次，促进我国经济健康可持续性发展，推动我国从制造业大国向制造业强国转变，促进制造业结构的良性调整[3]。

二、全球价值链理论

价值链是一种寻求确定企业竞争优势的工具，是1985年迈克尔·波特在《竞争优势》一书中首次提出的，他认为企业中产品生产制造、研发设计、售后服务等活动串联起来组成了价值链，价值链上这些活动大致可分为两个部分，即基本部分和辅助部分。然而，每个部分所对应的中心环节不同，但每一个部分之间都是相互关联的，其中基本部分涵盖内勤、外勤、后勤、生产制造、质量管理等活动；辅助部分涵盖原材料采购、人力资源管理与技术开发等活动。相对于基本部分的生产制造、内勤、外勤、后勤、质量管理等作为价值链的中游环节，辅助部分作为价值链的高端环节，可分为上游环节和下游环节，其中上游环节是以产品的研发设计为中心，与技术开发紧密相连，为消费者提供产品增值服务；下游环节是以消费者为中心，为其提供运输、维修、售后服务等无形增值服务。随后，Bruce Kogut也提出了价值链，与迈克尔·波特相比，其对价值链的研究扩展更深，指出了价值链的垂直分布与全球空间布局

---

[1] 国务院.中国制造2025[EB/OL].[2021-07-23].http://www.gov.cn/zhengce/content/2015-05/19/content_9784.htm.

[2] 孙怡晨.论我国政府的"中国制造2025"战略[J].全国流通经济，2018（17）：67-68.

[3] 罗一斌，梁贵红，罗汝珍.浅析"中国制造2025"的战略意义[J].梧州学院学报，2018，28（3）：111-115.

两者之间的关系。2001年，格里芬在分析全球范围内国际分工与产业联系问题时，提出了全球价值链概念。全球价值链概念提供了一种基于网络、用来分析国际性生产的地理和组织特征的分析方法，揭示了全球产业的动态性特征。国内学术界研究方面，施振荣提出"微笑曲线"理论，形似一个U型。他指出，价值链上不同环节包含着不同价值的附加值，附加价值会随着微笑曲线所处位置的不同呈现出不同的价值，即价值链不同环节所附带的价值具有差异性。其中微笑曲线两端研发设计（上游）和营销服务（下游）等环节位于价值链的两端，属于技术和知识密集型，所提供的服务是无形的，此环节技术含量高，不易被模仿，能够使企业摆脱低端制造环节（中游）要素成本的竞争，形成差异化竞争。而生产制造环节以实物产品制造为主，其环节生产出的产品技术含量低，容易被模仿，致使企业产品易被同质化，企业之间竞争严重，获取利润低。所以，制造企业向价值链两端附加值高的服务环节延伸能够为企业带来高于中间环节的价值。

体育用品制造业服务化转型的本质是体育用品制造业企业价值链的拓展和提升，是企业向价值链高附加值环节升级的表现，是由低端制造环节向高端研发设计、品牌营销等服务环节的延伸，有利于促进企业由单纯提供体育产品和设备，向提供全生命周期管理及系统解决方案转变，有利于解决低端产能过剩、高端产能不足的问题，有利于推动体育用品制造业升级，从而从根本上改善体育用品供给体系的质量和效益。因此，体育用品制造业企业要在激烈竞争的市场中获取差异化竞争优势，就需要延伸企业价值链，由企业中间环节向价值链两端高附加值环节进行延伸，实现产品价值的增值，从而使价值增值过程覆盖到体育用品制造业的整个生产流程中。

三、服务创新理论

"创新"一词的经济解释源于熊彼特在《经济发展概论》中的论述，其内容包括产品创新、技术创新、市场创新、资源配置创新和组织创新。此后，创新被引入经济研究的各个领域，特别是在工业制造业领域，从不同角度关于创新的研究文献众多[1]。20世纪90年代后，服务创新被学者们重视，服务创新研究在第三产业中开始深化发展。有研究者提出了几种截然不同的服务创新模

---

[1] 王朝阳. 服务创新的理论演进、方法及前瞻[J]. 经济管理，2012，34（10）：184–191.

式进行例证[1]：①经典的研发模式。主要存在于大型企业生产标准化的操作服务，如大规模的数据处理。②服务专家模式。指服务部门利用其专业化的知识和相关技术能力为客户解决问题，主要体现在咨询服务等一些中等规模的专业服务上。③有组织的战略创新模式。一般适用于大型服务企业，这些企业里并不存在有组织的研发部门，但创新思想的生成是一项很分散的任务，其形成和发展往往由特定的项目组承担。④企业家模式。主要是小型服务企业围绕某项基本的创新进行创造，并把生产和营销作为它们的主要活动。⑤工匠模式。适用于许多进行操作性服务的小企业，它们的创新主要由供应商驱动。⑥网络模式。如行业研究协会，由一组服务企业建立，其目标是为其会员企业开发创新。进入21世纪之后，制造业与服务业的融合发展趋势已经较为充分地表现出来，制造与服务的边界日益模糊。在此背景下，国内、外制造业中出现了一种较为普遍的运用服务增强自身产品竞争力及向服务转型以获取新的价值来源的现象，即所谓的"服务增强"。

四、产业分工理论

产业分工理论最早是1776年由亚当·斯密在《国富论》中提出的，他指出产业分工可以分为企业内部分工和社会分工。其中企业内部分工位于基层，此阶段员工负责的业务是专一的，且这种分工能够提升企业生产效率、节约劳动时间、减少劳动成本等。而社会分工位于分工的高级层次，具有生产专业分工，包括体力劳动与脑力劳动的分工。同时还指出分工之间是相互交错、相互关联的，而且分工能够提高企业的生产效率，具体体现在3个方面：①分工的专业化能够提高工人技术的熟练程度；②分工能够节约工作转换的时间；③分工能够促使工人专注于工序中的某一环节，进而有时间进行创新发明[2]。此外，他还指出分工受到市场交换范围的影响，而交换受到市场范围和交换能力的影响，但分工引起了交换的倾向，是交换的结果。之后，国内外一些专家、学者也纷纷对产业分工进行了一系列的研究，杨格在亚当·斯密的研究基础上对分工理论进行了近一步拓展，指出专业化和分工能够产生递增报酬，这是一种迂回生产方法的经济，分工之所以能够提高产

---

[1] 王朝阳.服务创新的理论演进、方法及前瞻[J].经济管理，2012，34（10）：184-191.
[2] 亚当·斯密.国富论（上卷）[M].王勋，纪飞，等，编译.北京：清华大学出版社，2015.

业生产效率，是因为企业通过循环生产的方法实现了报酬递增，而循环生产程度越高，对于产业链条的延伸越具有积极促进作用[1]。然而，杨小凯明确定义了分工与专业化，他认为分工和专业化水平的提高能够促进企业经济效率的提升，而分工的不断深化是由专业化水平提高引起的，专业化水平的提高将会导致产业分工的细化，产业分工的细化及分工水平的不断提高，有益于将产业内部不同环节的分工独立出去，有利于提高企业的生产效率，增加产品的附加价值。

随着制造业企业之间的分工逐渐细化，各部门之间的联系更加紧密，制造业与服务业之间的界限逐渐消失，制造业向服务化方向延伸，有助于企业形成差异化竞争优势，有利于企业向高附加值服务环节攀升。然而，向服务化发展其实是社会分工向更深层次发展的深入，是由原来的生产制造向研发设计、咨询、售后服务等高附加值环节延伸。伴随着社会信息技术的迅速发展，企业分工逐渐细化，企业之间的联系日益密切，服务化逐渐成为制造业企业转型发展的重要途径。吴茜茜指出，在生产过程中，制造业企业是由其企业内部不断细分和深化的分工形式推动了制造业服务化发展。对专业化分工与服务化转型论述时，指出制造业企业向服务化转型的过程本质上是产业专业化分工发展到一定程度的必然结果。

五、产业融合理论

产业融合研究最早始于1713年，由英国学者威廉·德汉在讨论光线的汇聚与发散中首次提出。1985年，英国学者赛哈尔认为，某一种技术范式向不同的产业扩散，促使这些产业出现技术创新，进而产生产业融合[2]。因此，产业是由企业提供类似的产品或服务，在相同或者相关价值链上活动的企业组成；融合是将一个或多个元素的聚合，不同事物融为一体的过程。产业融合就是这么一个复杂、多变且不以人的意识为转移的长期发展过程[3]。

对于产业融合的分类，学者们往往根据不同的研究目的，分别从技术、产品、市场、制度及产业等视角进行了不同的分类。首先是技术视角，技术替代融合是指新技术创新与扩散，替代以前的技术，使以前不相关的产业从技术视

---

[1] 郑凯捷. 分工与产业结构发展从制造经济到服务经济[M]. 上海：复旦大学出版社，2008.
[2] 李美云. 国外产业融合研究新进展[J]. 外国经济与管理，2005（12）：12-20.
[3] 薛金霞，曹冲. 国内外关于产业融合理论的研究综述[J]. 新西部，2019（30）：73-74.

角来看相关，并促进一个新产业的出现；其次是产品视角，主要是替代型融合和互补型融合两类，当用户认为两种产品可互换时，这两种产品便发生了替代性融合，而当两种产品一起使用比分开使用时效果更好或者说它们现在一起使用比以前共用效果更好，则说明这两类产品发生了互补型融合；再次是市场视角，可以将其分为来自需求方的功能融合和来自供给方的机构融合；最后是产业视角，它包括产业间融合方式和产业间融合程度[1]。

---

[1] 张功让，陈敏姝.产业融合理论研究综述［J］.中国城市经济，2011（1）：67-68.

第二章
中国体育用品制造业
发展现状及其面临的困境

目前，我国体育用品制造业正处于供给侧结构性改革的关键时期，但仍存在诸多问题。面对新发展格局下国内人口红利优势减弱与产业链转移的现实挑战，依靠传统要素投入推动体育用品中低端产业链规模扩张的经济范式已不能满足体育消费扩容升级的需要。通过对目前我国体育用品制造业发展现状的深层解读，可进一步为体育制造业服务化的发展指明方向。

第一节 中国体育用品制造业发展现状

改革开放以来，我国体育用品制造业通过利用国内劳动力等基础性生产要素在供给能力与供给成本方面的优势，积极参与全球价值链与制造业国际分工，快速发展和壮大，已发展成为名副其实的全球化产业，成为我国体育产业的支柱性产业。

一、体育用品产值稳步上升

随着全民健身热度的不断升温，为体育产业发展提供了前所未有的契机。作为体育产业的重要构成部分，体育用品及相关产品制造在风口中实现快速腾飞发展。根据国家统计局、国家体育总局2016—2019年全国体育产业总规模和增加值数据公告显示，我国体育用品及相关产品制造总产出从2016年的11962.1亿元增长至2019年的13614.1亿元，4年增长了12.13%，增加值从

2863.9亿元增长至3421.0亿元，4年增长了16.28%（图2-1）。可见，我国体育用品及相关产品制造逐渐进入稳定增长的成熟期。

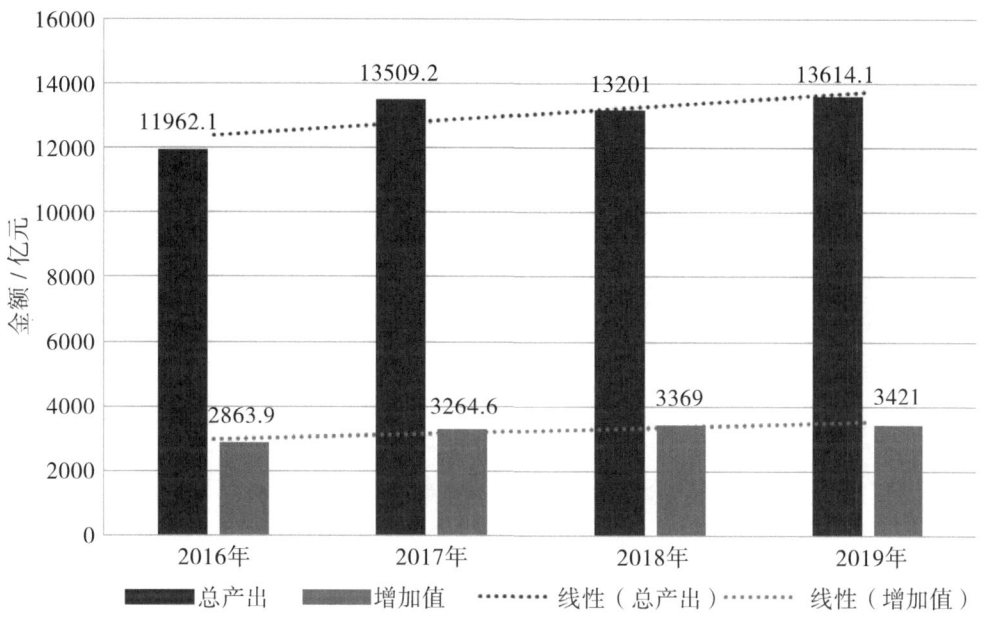

图2-1 我国体育用品及相关产品制造总产出及增加值情况

中国现已成为世界最大的体育用品生产基地。根据数据显示，中国体育用品制造行业营业收入从2018年的1250.59亿元增长至2020年的1340.33亿元，增加了89.74亿元，增长了6.69%[1]（图2-2）。

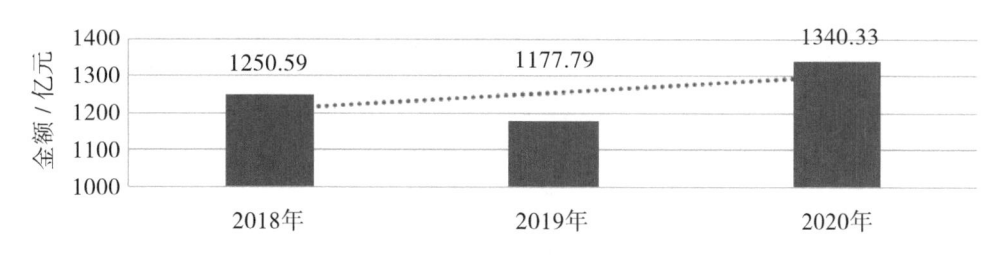

图2-2 中国体育用品制造业营业收入情况

---

[1] 搜狐. 2021年中国体育用品制造行业发展现状及重点企业经营情况分析［EB/OL］.（2021-09-16）［2021-10-25］. https://www.sohu.com/a/490260184_120956897.

从细分市场看，2020年我国专项体育器材及配件制造营业收入为434.95亿元，占体育用品制造行业营业总收入的32.45%，占比最大；健身器材制造营业收入为395.19亿元，占体育用品制造行业营业总收入的29.48%；其他体育用品制造营业收入为278.08亿元，占体育用品制造行业营业总收入的20.75%；球类制造营业收入为141.34亿元，占体育用品制造行业营业总收入的10.55%；运动防护用具制造营业收入为90.76亿元，占体育用品制造行业营业总收入的6.77%[1]（图2-3、图2-4）。

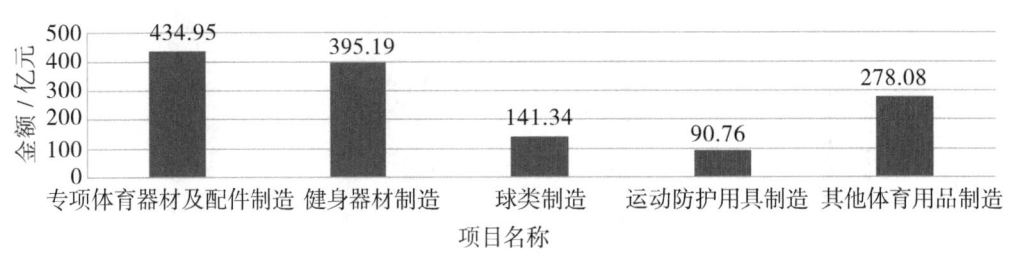

图2-3 我国体育用品制造行业细分市场营业收入

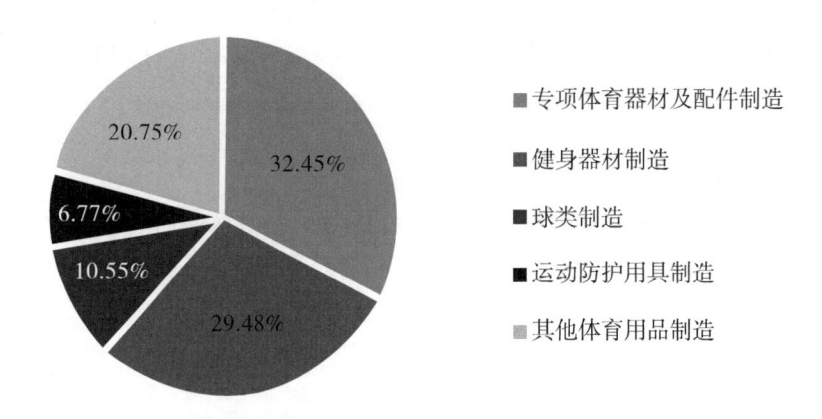

图2-4 我国体育用品制造行业营收结构情况

当前我国体育用品制造业中已经有安踏体育、361°、特步国际、舒华体育、富仕德、康莱股份等多家上市企业，成为我国体育用品制造业的主力军，发挥重要龙头作用。2020年舒华体育、安踏体育和康莱股份营业总收入均呈现不同程度的增长，其中安踏体育增幅最为明显，而361°、特步国际和富仕德

---

[1] 搜狐.2021年中国体育用品制造行业发展现状及重点企业经营情况分析［EB/OL］.（2021-09-16）［2021-10-25］.https://www.sohu.com/a/490260184_120956897.

营业总收入均出现下滑。2020年舒华体育营业总收入为14.84亿元，较2019年增加了1.5亿元；361°营业总收入为51.27亿元，较2019年减少了5.05亿元；特步国际营业总收入为81.72亿元，较2019年减少了0.11亿元；安踏体育营业总收入为355.12亿元，较2019年增加了15.84亿元；康莱股份营业总收入为1.76亿元，较2019年增加了0.86亿元；富仕德营业总收入为0.92亿元，较2019年减少了0.08亿元[1]（图2-5）。

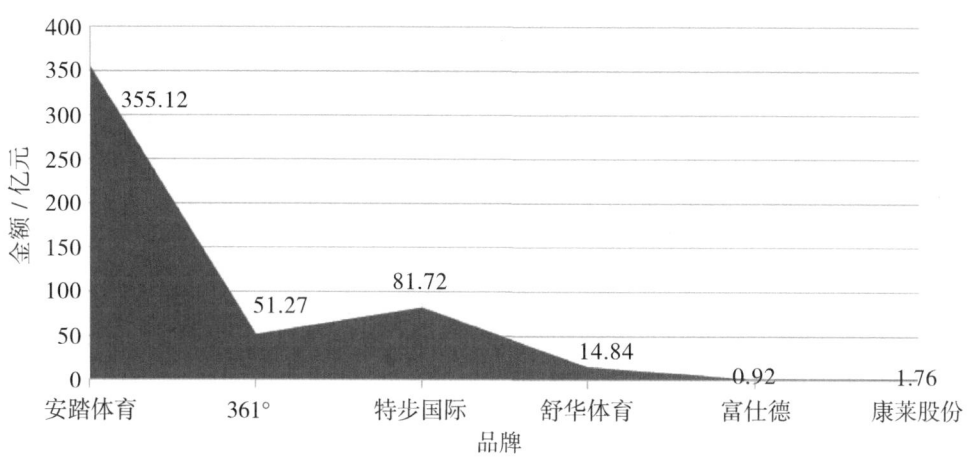

图2-5 2020年我国体育用品制造业上市企业营业收入情况

可见，我国体育用品制造业总体上发展良好，为体育用品制造业服务化转型升级奠定了坚实的产业基础。

二、体育用品制造业空间集聚特征显著

体育用品产业集群是指生产运动服装、运动鞋、运动器材、户外体育用具等体育用品生产企业和相关机构在一定区域内的聚合，群内企业以生产体育用品为主。通常，群内企业围绕同一体育用品或具有关联性较高的相关体育产品进行研发、制造及销售，形成一定的体育用品生产经营规模，呈现出以市（县）、城镇、乡村为区域的地域性集聚特点。

晋江市是福建省最成熟的体育用品制造业集聚区，涵盖运动鞋、运动服装及运动器械等，体育用品生产经营型企业达3000多家，已经形成了一套完整

---

[1] 搜狐.2021年中国体育用品制造行业发展现状及重点企业经营情况分析[EB/OL].（2021-09-16）[2021-10-25]. https://www.sohu.com/a/490260184_120956897.

的产业链，涉及鞋类制成品、鞋材及辅助材料、化工原料、鞋机、皮革机械设备、皮革制品、户外运动装备等各个产业环节。同时还吸引了金融、保险、科研院所及法律等相关机构和企业，通过资源共享，体育用品制造业集群竞争优势不断提升。据统计，晋江体育用品制造业总产值从2008年的26345万元到2017年的139796万元，目前已有体育用品上市公司21家，2家企业获批国家体育产业基地示范单位，1家企业成为里约热内卢奥运会官方赞助商，2家企业成为中国奥委会赞助商。在晋江7个超百亿产业集群中，制鞋、纺织服装双双突破千亿大关。

江苏省体育用品生产和制造呈现出地域性集群发展态势，形成了以昆山的运动鞋，苏州的运动服，江都、泰州的体育器材，太仓的篮球、排球、足球三大球等一系列国内、外知名的运动鞋、运动服等体育用品和体育器材品牌产业集群。目前，太仓陆渡镇已有生产制造小轮车、山地自行车等体育器材生产企业50多家，实现年产值约8亿元；江都武坚镇有球拍、铁件、木件等体育器材生产企业140余家，实现年产值6亿元；泰州野徐镇从事球网、球、垫子、铁件等体育器材生产企业150余家，年产值2亿元。

就空间分布格局而言，呈现出东部地区专业化水平较高、中部和西部地区专业化水平逐次降低的特征；就集聚区域而言，主要集中在江苏省、浙江省、上海市、广东省、福建省5省（市），产业聚集程度超过了80%[1]。其中，福建省占据绝对集聚优势，体育用品制造业产值常年位居全国第一。数据显示，2018年福建省体育用品制造业产业总产出达2897.37元，占全国总量的25.8%；就区域生产特征而言，形成了福建晋江运动鞋集群、浙江温州运动服饰制造集群、江苏泰州体育器材集群、山东乐陵竞技体育器材集群等一大批知名细分产业集聚地[2]。

三、体育用品科技创新能力不断攀升

首先，从国家政策层面看，自20世纪80年代末期，科技部提出建设"工业智能工程"，尝试探索智能制造开始，不断促进工业由大变强，振兴装备制造

---

[1] 李海杰，邵桂华，王毅. 我国体育产业集聚对产业效率的影响研究［J］. 天津体育学院学报，2019，34（6）：512-520.

[2] 刘晴，罗亮，黄晶. "双循环"新发展格局下我国体育用品制造业高质量发展的现实困境与路径选择［J］. 体育学研究，2021，35（2）：29-38.

业，到2010年，全国已基本实现信息化，信息产业成为国民经济的重要支撑部分。2015年，《国务院关于积极推进"互联网+"行动的指导意见》指出，推动互联网与制造业融合，大力发展智能制造，同年《中国制造2025》将推进智能制造作为制造业发展的主攻方向。在这一系列重要政策的引导下，制造业智能化将成为中国制造业未来的发展方向，推动制造业生产方式的重大变革[1]。

其次，从体育用品制造业科技发展层面看，目前我国体育用品制造业处于科技创新持续提升阶段，专业技术创新人才不断涌现。我国体育用品制造业致力于加强信息技术等高新技术与体育用品制造业的设计和生产过程相融合，发展智能制造和高质量、高端的体育产品，打造高端体育产品和体育品牌。例如，深圳国家体育产业示范基地就以"数字体育"为主题，将信息技术手段与体育健身、体育赛事、体育培训、运动休闲等相结合，致力于新材料、新技术的各种运动器械、运动器材的研发和生产，全面提高体育用品产业的生产和管理效率[2]。

最后，从科研创新经费投入层面，科研经费投入持续增加。安踏体育、李宁、特步国际、361°等体育企业纷纷加大研发费用投入，其中李宁的研发费用在2015年和2016年有所下降，从2017年开始大幅上涨，超过了1.69亿；安踏体育的研发费用更是从2014年的2.11亿增长为2019年的7.89亿；体育专利数量大幅上升，2016年，我国体育专利共申报3141件，2019年达到4980件，年增长率超过15%；发明专利、实用新型专利等高质量专利类型年申请数量稳步提升，这充分表明当前我国体育用品企业重视科研创新、体育用品科技含量明显提升[3]。

四、体育产品与服务供给能力不断提升

随着制造业的发展，体育用品制造业积极探索发展和革新，社会化、产业化程度不断提高，现阶段的体育用品制造业已经逐渐由过去的零星单一、主次不清向层次分明、复合多元、本体为主全面推进。目前，体育用品制造业基本

---

[1] 李廉水，石喜爱，刘军.中国制造业40年：智能化进程与展望[J].中国软科学，2019（1）：1-9.

[2] 郭恒涛，李艳翎.体育用品产业集聚溢出效应的演变和发展[J].武汉体育学院学报，2015，49（10）：46-49.

[3] 刘晴，罗亮，黄晶."双循环"新发展格局下我国体育用品制造业高质量发展的现实困境与路径选择[J].体育学研究，2021，35（2）：29-38.

框架明晰，包括人才培养、技术、生产、服务等一系列产业链，体育产品和服务的供给能力不断提升。体育用品制造业"产品+服务化"发展处于初期发展阶段，整体呈现上升趋势，能满足一定阶层的消费需求。

一些体育用品制造业企业在服务转型过程中，逐步将制造环节剥离，发展成为服务供给商，而这会衍生出许多新兴服务业态，如体育用品制造服务外包、科技研发服务、检验检测服务、运输服务及互联产品的智能服务、网络协同制造、信息增值服务等。这些新兴业态的发展可以提升服务业竞争力，同时服务具有消费和生产的同步性，因此，制造业在购入服务的过程中，通过技术外溢，还可以提供多种模式。例如，提升产品效能的服务供给，提供体育用品个性化定制和在线支持服务，在满足消费者个性体验和需求的前提下实施个性化定制，并利用现在的信息技术，建立线上沟通平台。又例如，体育用品与服务的整合，体育用品除了生产制造、市场销售，还涉及售后一站式服务，包括用户对体育用品的运动体验、问题反馈和增值服务等。不仅丰富了服务种类、改善了服务手段，而且提升了体育用品从生产制造、到销售和售后服务的一系列过程，提升体育用品制造业的服务竞争力，促进了体育用品制造业的良性发展，使体育产品与服务的市场供给能力提升。此外，提供"产品+服务"的整体解决方案或产品服务系统，能够满足客户的特定功能，由于服务的无形性，难以被模仿，可通过服务化获得差异化竞争优势等，差异化竞争优势意味着局部垄断，企业可以获得垄断收益，从而提高生产率[1,2]。

五、体育用品品牌快速崛起

体育用品制造是具有明显规模经济与范围经济效应的行业，规模较大的体育用品制造企业能够通过企业内部专业分工、大量的先进技术与设备投入、现代化的管理与运营系统的应用，提升生产效率，进而实现规模报酬递增。2016年，中商产业研究院发布《2016年中国体育百强排行榜》报告，报告涵盖了近年我国快速发展起来的具有自主品牌、创新能力和竞争实力的骨干企业，其中体育运动鞋服企业26家，体育用品/户外用品企业24家，体育器材和健身器材

---

[1] Corra H L, Ellram L M, Scavarda A, et al. An operations management view of the services and goods offering mix [J]. International Journal of Operations and Production Management, 2007, 27（5）: 444–463.

[2] 梁敬东，霍景东. 制造业服务化与经济转型：机理与实证 [J]. 首都经济贸易大学学报, 2017, 19（2）: 65–72.

企业超过20家[1]。在体育百强企业中，体育用品制造企业占70%，而体育服务业占比为14%，这不仅体现了我国体育用品制造企业市场主体的规模，同时也反映出体育服务在未来体育产业发展的空间巨大，体育用品制造业服务化转型是体育产业发展的趋势。

中国体育产业智库和体银智库联合发布《2017年中国体育领军企业百强榜》，根据智库数据、网络投票，以及专家评审的方式，从企业商业模式、综合实力、社会影响力、企业社会责任、发展战略、行业变革性等多维度进行评选，考察了2017年中国体育企业的行业综合影响力，其中运动装备和器材品牌入选企业包括泰山体育、安踏体育、铁人体育、英派斯、万德体育、李宁、鹏雁动感、薏凡特、为足球梦想体育、TXB—博纳天下等[2]。由此可以看出，我国体育用品制造业有许多大型且有实力的企业，这些企业在推动我国体育用品制造产业创新以及深化分工协作方面等能发挥龙头企业的带动作用。同时也是中小企业扩大企业规模、实现转型升级的标杆[3]。

根据前瞻产业研究院发布的体育用品业的行业报告统计数据显示，2011年我国体育用品企业数量为850家，2018年较2011年增加了291家，并一直保持稳步增长的发展态势，2015年至2016年企业增加数量最多，为102家，增速为10.3%，到2020年已经达到9534家，相较2018年增加了8393家，呈现跨越式增长[4]。

第二节　中国体育用品制造业"大而不强"现象突出

一、体育用品制造业产业聚集区域差异明显

20世纪80年代以来，我国体育用品制造业获得巨大发展。李宁、安踏体

---

[1] 搜狐网. 2016中国体育企业百强排行榜[EB/OL]．（2016-12-20）[2020-03-15]. https://www.sohu.com/a/122114392_499982

[2] 野途网. 2017中国体育领军企业百强榜[EB/OL]．（2017-12-13）[2019-05-15]. http://www.wildto.com/news/44757.html

[3] 邢中有. 我国体育用品制造企业转型升级研究[J]. 上海体育学院学报，2015，39（3）：12-17.

[4] 蔡忠楷，李健康，张新英. SCP视角下我国体育用品制造业的发展策略[J]. 湖北体育科技，2020，39（9）：798-801.

育、特步国际、361°、贵人鸟等国民品牌，经过多年发展已经形成一定规模。2017年，安踏体育营业收入总额达73.23亿元，同比增长19.22%；李宁营业收入总额达39.96亿元，同比增长-0.23%；特步国际营业收入总额达23.11亿元，同比增长-8.83%；361°营业收入总额达27.98亿元，同比增长9.49%；贵人鸟营业收入总额达15.79亿元，同比增长55.03%。由此可以看出，安踏体育和贵人鸟增幅最大，其中安踏是5家企业营业收入总额最高的。到2019年，安踏体育营业收入总额达148.11亿元，相比2017年增长了50.55%；李宁营业收入总额达62.55亿元，相比2017年增长了36.11%；特步国际营业收入总额达33.57亿元，相比2017年增长了31.15%；361°营业收入总额达32.37亿元，相比2017年增长了13.56%；贵人鸟营业收入总额达8.1亿元，同比增长-48.70%。可以发现，除贵人鸟外，安踏体育、李宁、特步国际、361°4家企业均实现较大增长。在地域上，5家国民体育企业中有安踏体育、特步国际、361°、贵人鸟4家集中在福建省，只有李宁1家在北京市。我国体育用品制造业企业虽然发展势头迅猛，但却存在明显的地域差异。根据前瞻研究院数据显示，截至2020年6月，我国体育用品制造相关企业数量已经达到9534家，其中广东省、浙江省、江苏省、福建省、上海市、山东省、北京市7个省（市）产业集中度达到70%左右（按照企业数量）。按照我国三大区域划分的方式，东部、中部和西部三大区域之间的产业集聚度存在显著的地区差异，东部地区体育产业集聚度最高，中部地区次之，西部地区最低。尽管东部和中部地区体育产业集聚度的差距有进一步缩小的趋势，但目前仍然存在较大的差异。这表明我国体育产业尤其是体育服务业的集聚发展，依然受到区域差异和城乡差别的限制，呈现出极不均衡的发展状态。总体上，中国体育用品业集群的可持续发展和体育服务业在少数地区的初步集聚之间呈现出较为明显的发展阶段上的差异性[1]。

二、传统体育用品制造模式难以为继

我国作为世界上最大的发展中国家，长期依赖粗放式的发展模式和薄利多销的销售理念，继而出现不可持续、难以为继等问题。当前面临的薪资、土地、租金、原料等费用的攀升，缺乏高新技术专业人才和资源紧缺、技术低端、高投入、高消耗，以及产业结构不合理等综合因素影响，使我国制造业传

---

[1] 宋昱. 中国体育产业集聚与集群演化实证分析（1994—2012）[J]. 西安体育学院学报，2014，31（3）：263-272.

统发展模式问题日益突出。诸如以产品为中心的生产组织、以手工管理的生产管理、以少品种大批量生产的生产结构等传统生产模式，在新形势下面临更新再造与符合中国国情的生产模式。因为大部分体育用品制造业企业的核心技术少、研发能力薄弱，因而自主知识产权不足，长期以贴牌、仿制、改良等方式生产产品，从而在全球产业链生态系统中处于低端锁定状态。所以，以产品为中心的生产组织模式面临以零件为中心的生产组织模式的挑战，以手工管理的生产管理模式面临以计算机管理的生产管理模式的挑战，以少品种大批量的生产结构模式面临以多品种、小批量、个性化的生产结构模式的挑战。

有学者指出，当前我国经济出现的增长速度换挡、劳动力红利逐渐减弱等新现象，表明我国制造业长期以来依赖技术引进、依赖外资、依赖低劳动力成本、忽视自主创新的发展模式已经难以为继，昔日所依赖的人口红利、改革红利、工业化红利、全球化红利正日趋减弱，低端、劳动密集型企业竞争压力增大[1]。显然，我国体育用品制造业传统发展模式面临的多种挑战与困境，倒逼我国体育用品制造业转变发展模式，加快转型步伐，向创新驱动高质量发展。

三、体育用品品牌影响力不足

体育用品品牌的影响力决定着其市场的占有率，它不仅能开拓市场，还影响消费者对产品的选择，而且是占领市场、获得利润的重要手段。一个品牌的影响力往往决定着消费者及市场对产品的选择偏好，且品牌影响力越高，越能提升消费者对产品的黏度、忠诚度、关注度。

改革开放以来，随着我国经济的快速发展，人民生活水平提高，体育用品消费市场迅猛发展带动了中国体育用品品牌建设，国内也涌现出了一些知名的运动品牌，如李宁、安踏体育等。相较国际知名体育品牌，我国体育品牌影响力还较弱。据《2020年全球最具价值品牌年度报告》数据显示，耐克和阿迪达斯两个品牌分别以40名、109名位列全球体育品牌的第一名和第二名；而我国体育品牌中，只有安踏体育一个体育品牌入围，且排名为446名。这显然与国际体育品牌耐克、阿迪达斯相差甚远。同时，根据中国品牌网2020年国内体育品牌排名情况来看，目前国产品牌只有李宁和安踏体育两个体育品牌入围，其

---

[1] 张志元.我国制造业高质量发展的基本逻辑与现实路径[J].理论探索，2020（2）：87-92.

余8个体育品牌皆为国外品牌[1]。

四、体育用品供给侧结构性失衡

一直以来，我国体育用品制造业凭借劳动力充足、廉价、资源低等成本优势驱动，长期承接耐克、阿迪达斯等国际体育品牌的原料加工、元件组装等工作，这些短平快的盈利方式久而久之就成为我国体育用品制造业的主要方式。这种方式使我国体育用品制造业快速增长，行业规模持续扩大，但是由此也引发自主品牌较弱、核心竞争力不足、产品同质化严重、技术含量低、市场恶意竞价等问题。进而出现对廉价劳动力的过度依赖，使我国体育用品缺乏自主创新意识，在品牌建设上也相对滞后。随着劳动力供给短缺、劳动成本提升，为了保持价格优势，促使其为降低成本而生产大量低价位、同质化体育用品，并试图通过"薄利多销"的方式获得利润补偿，造成低端体育用品的供给与高端市场需求之间"供需错位"的局面，导致低品质、弱势品牌体育用品产能不能及时消化，并出现"库存积压"等现象[2]。以李宁、安踏体育和耐克为例，2020年，安踏体育营业收入为355.12亿元，净利润为51.62亿元，分别是国产三大体育服饰品牌李宁、特步国际、361°营业收入的2.46倍、4.35倍、6.93倍，净利润的3.04倍、10.06倍、12.44倍[3]，可以说是我国体育用品制造业企业自主品牌中的龙头企业，但是与耐克相比却有较大的差距，2020年，耐克的营业收入为374亿美元，净利润为25.39亿美元，是安踏体育营业收入的6.78倍、净利润的3.16倍。由此暴露我国自主体育品牌与国外品牌的差异。2020年，安踏体育存货达54.86亿元，而耐克为68.54亿元。从库存上看，耐克存货高于安踏体育，但是从营库比看，耐克的营库比达35∶1，而安踏体育的营库比仅为6∶1。在我国制造业的转型升级背景下，体育用品制造业面临严重的产能过剩现象，表现为低端供给过剩、高端供给不足。原来的很多"僵尸企业"在劳动力、资源等优势弱化后，呈现出生存能力较低、运营管理效率低下、创新能力不足，长期依靠国家扶持和救助，失去最

---

[1] 黄永正，陈颐，王晓东. 经济新常态下广东省体育用品制造业转型升级的现实困境与发展路径［J］. 商业经济，2020（10）：54-57.

[2] 范尧. 供给侧改革背景下体育用品供需困境与调和［J］. 体育科学，2017，37（11）：11-20.

[3] 虎扑社区. 2020年安踏营业额155亿李宁营业额140亿［EB/OL］.（2021-03-25）［2021-04-21］. https://m.hupu.com/bbs/41899870.html

基本的发展能力。

五、体育用品制造业人力成本大幅上升

长期以来，我国凭借着世界上最多人口的劳动力和土地红利，在发展过程中处于快车道高速发展。但是这种发展在区域上表现得尤为不平衡，东部、中部、西部地区的劳动力出现大规模流动。正是这种不平衡促进了我国东部地区体育用品制造业的高速发展，在为国外体育大牌生产制作过程中，涌现出一批国产体育品牌如李宁、安踏体育、361°等。

但是，随着经济社会的不断发展，由于国民综合素质的提升、生活水平的提高，以及长期的人口出生率下降和老龄化问题等，这些因素促使原有劳动力红利逐渐消失，原有人力成本出现大幅度上升。根据中国统计年鉴数据显示，1995年至2000年月平均工资从5348元增长到9333元，增长了1.75倍；2000年至2005年月平均工资从9333元增长到18200元，增长了2倍以上；2005年至2010年月平均工资从18200元增长到36539元，增长了2倍以上；2010年至2015年月平均工资从36539元增长到62029元，增长了1.7倍；2015年至2019年月平均工资从62029元增长到90501元，增长了1.5倍。由此可以看出，1995年至2019年我国月平均工资呈现跨越式增长，其中2000年至2010年增长最为迅猛，2010年后增长势头有所减缓，但仍然处于高增长阶段。随着我国人口红利消失，许多国外体育品牌的成本控制提升了，出现了国外体育品牌迁移、关闭中国工厂的浪潮，转向劳动力成本低廉的东南亚等国家。

六、体育用品国际分工地位偏低

从发展规模来看，中国是世界上最大的体育用品制造和出口的国家，2019年，我国体育用品出口额超过190亿美元，占世界体育用品出口交易的30%以上[1]。但是，在全球制造业中，我国制造业的国际分工长期处于全球价值链的低端位置，体育用品对外贸易大而不强、低端锁定。其主要原因在于：第一，体育用品对外贸易结构较为单一，长期以代工、贴牌和加工贸易为主；第二，出口产品质量有待提高；第三，要素红利逐渐消失，对外贸易竞争力日趋

---

[1] 刘国光, 高静. 融资流动性、研发障碍与体育产品制造业的出口技术复杂度[J]. 湖南科技大学学报（自然科学版），2020，35（2）：107-115.

弱化[1]。

  长期以来,中国体育用品企业大多是通过国际品牌代工,通过经营品牌和快速发展经销体系发展起来,本身就处于制造业价值链的低端环节,具有可替代性高、附加价值低等特点,而对于制造业价值链的高端环节,例如,产品设计研发、品牌运营等高附加价值、不可替代性的投入则较少。同时,加工组装等低端环节的盈利也处于最低位置,加之跨国公司的品牌压榨和技术壁垒等限制,使我国体育用品制造业发展被国外体育品牌所控制。加工组装、贴牌生产等方式造就我国体育用品制造业高端生产能力薄弱,核心技术、高新技术掌握较少,生产的高质量、稳定性强的体育产品较少。受2020年新冠疫情影响,出现了国际运费价格不断上涨、人民币升值、劳动力价格上涨等问题,依靠"低价—低利"模式发展的贴牌工厂处境愈发艰难,使我国体育用品对外贸易竞争力进一步下降。

---

[1] 刘晴,罗亮,黄晶."双循环"新发展格局下我国体育用品制造业高质量发展的现实困境与路径选择[J].体育学研究,2021,35(2):29-38.

第三章
中国体育用品制造业服务化发展的紧迫性与重要性

制造业服务化是基于制造业的服务和面向服务的制造的融合，是基于生产的产品经济和基于消费的服务经济的融合，是企业提升竞争力的重要途径。体育用品制造业作为体育产业的支柱性产业，是拉动我国体育消费增长的重要力量。在各种生产要素成本上升的背景下，我国体育用品制造业所具有的竞争优势已不复存在。为顺应新经济形式，攀升价值链中高端，体育用品制造业服务化发展已迫在眉睫。

第一节 中国体育用品制造业迈向价值链中高端的突出问题

中国体育用品制造业经过改革开放40多年的发展，尽管已发展成为世界第一制造大国，但在全球产业分工网络中，仍然处在产业链的中低端，具有附加值比较低、环境污染大、生产要素成本持续攀升的典型特征，原有以资源投入驱动为增长的模式不可再继。

一、我国体育用品制造业长期处于价值链中低端

制造业产业链包含产品设计与开发、交通运输、运营管理、加工制造、原料采购、终端零售、批发经营等多个环节。从生产流程来看，制造业企业生产活动被划分为上、中、下游3个依次相连的环节。上游环节包含产品的设计与研发、市场需求分析等业务；中游环节是以零部件加工装配、成品生产等业务

为主的最终产品制造过程；下游环节包括产品销售、维修与保养业务等，这些互不相同却又彼此关联的价值活动的动态过程即为制造业企业的价值链[1]。其中，中游的加工制造在产业链中所占比重小、最为低端且利润少、附加价值低，而我国体育用品制造业正处于该阶段。我国体育用品制造业自改革开放以来，长期依靠廉价的劳动力和土地、资源的要素为支撑，为国际体育品牌的产品进行组装、加工、贴牌等批量生产。在较短时间内我国体育用品制造业的发展形成了一定规模，同时也快速发展成为世界最大的体育用品生产制造国家。但在全球体育用品制造业产业链中，我国始终被发达国家定位为中低端体育用品生产制造国。虽然我国体育用品制造业总体量大，但竞争力不强。许多中小企业仍处于产业链低端环节，而产业链高端环节，如研发设计、品牌营销、核心生产工艺、金融、物流、生产性服务等核心技术优势，始终被国外发达国家、大型跨国公司所垄断，使我国体育用品产业集群中的中小企业缺乏产品研发、设计、品牌、渠道、运筹、知识与服务等产业链高端环节，存在严重的"低端锁定、高端不足"现象[2]。可以说，中国积极参与了全球价值链与制造业的国际分工，才获得长足发展和快速壮大。因此，我国在加工、生产的中游徘徊，形成与上游研发设计、下游销售服务明显获利高位与获利低位的差异，如学者李碧珍对体育用品业的价值链分区所示（图3-1），而这种趋势在产业结构升级后逐渐有深化趋势。

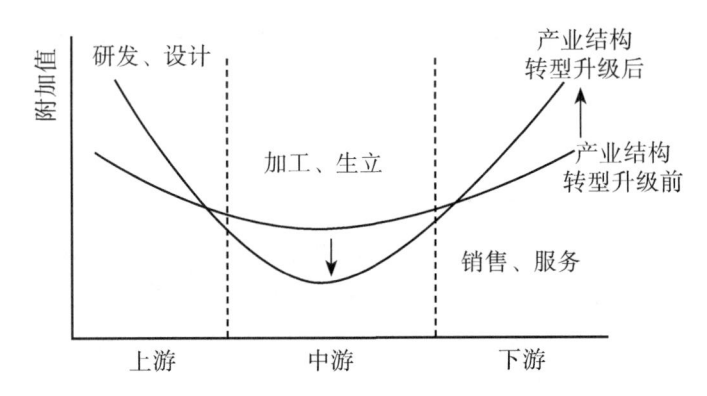

图3-1 我国体育用品业价值链分区

---

[1] 李碧珍，李晴川，程轩宇，等.价值链视域下体育用品制造业服务化转型路径及其实践探索——以福建省为例[J].福建师范大学学报（哲学社会科学版），2017（5）：16-27；167-168.

[2] 刘志勇.服务型制造：中国体育用品制造业高质量发展路径研究[J].西安体育学院学报，2021，38（1）：47-54.

二、"低成本竞争""贴牌生产"的比较优势逐渐丧失

中国制造长期被冠以"世界工厂"的标签,单一加工制造在随着我国制造业转型的同时,使原来的低成本竞争、贴牌生产的比较优势逐渐丧失。我国体育用品制造业长期依靠廉价的土地、大量的技术工人和劳动力红利等低价策略获得快速发展以抢占市场,以顾客对低价产品的满意不断提升市场份额规模,再以大量的技术工人和劳动力组成的流水线加工提高生产效率、降低产品价格、赚取加工费的单一加工制造循环方式不断扩张产业规模,这种生产模式使企业产品同质化竞争越来越激烈,"同质化""高库存""关门店""订单下滑"的压力尤为明显[1]。安踏体育、特步国际、361°等企业的市场竞争激烈,它们的产品质量、定位、价格等趋同,同质竞争进一步削弱了各自的利润空间;企业自身不断进行产品更新以获得市场短期的竞争优势的结果是产品重复率较多、销量低迷、库存积压严重;众多企业为解决新产品与库存积压之间的矛盾,促进资金回流,开始压低品牌价值,以低价格、高促销、多频次等方式开展经销战略,企业最终陷入低端循环当中[2]。

随着劳动成本的快速上升,廉价劳动力的低成本竞争优势逐渐丧失。根据2010年第六次全国人口普查公报数据显示,0~14岁人口为222459737人,占16.60%;15~59岁人口为939616410人,占70.14%;60岁及以上人口为177648705人,占13.26%。同2000年第五次全国人口普查相比,0~14岁人口的比重下降6.29个百分点,15~59岁人口的比重上升3.36个百分点,60岁及以上人口的比重上升2.93个百分点。2020年第七次全国人口普查公报数据显示,0~14岁人口为253383938人,占17.95%;15~59岁人口为894376020人,占63.35%;60岁及以上人口为264018766人,占18.70%。与2010年第六次全国人口普查相比,0~14岁人口的比重上升1.35个百分点,15~59岁人口的比重下降6.79个百分点,60岁及以上人口的比重上升5.44个百分点(图3-2)。从劳动力供求角度,我国老龄化的人口结构下,

---

[1] 刘志勇,李碧珍,叶宋忠,等.服务型制造:福建体育用品制造业供给侧改革路径研究[J].福建师范大学学报(哲学社会科学版),2016(5):17-26.

[2] 黄元木.福建体育用品制造业服务化转型的现状分析[J].体育科学研究,2019,23(3):28-33.

如果劳动参与率不发生显著变化，我国未来劳动力供给将进一步下降[1]。尤其是乡村就业人员下降情况，2015—2019年，我国乡村就业人员分别为37041万人、36175万人、35178万人、34167万人、33224万人，总体呈现下降趋势。

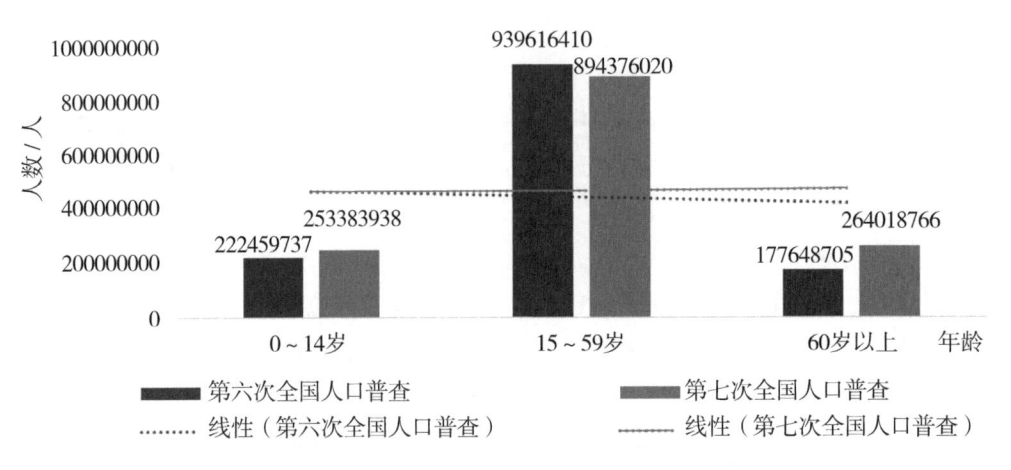

图3-2 我国人口年龄结构人数

此外，我国劳动力受教育程度显著提高，劳动力质量明显增强。第五次全国人口普查公报数据显示，具有大学（指大专以上）文化程度的人口为119636790人；具有高中（含中专）文化程度的人口为187985979人；具有初中文化程度的人口为519656445人；具有小学文化程度的人口为358764003人（以上各种受教育程度的人包括各类学校的毕业生、肄业生和在校生）。第六次全国人口普查公报数据显示，全国人口中，拥有大学（指大专及以上）文化程度的人口为218360767人；拥有高中（含中专）文化程度的人口为213005258人；拥有初中文化程度的人口为487163489人；拥有小学文化程度的人口为349658828人（以上各种受教育程度的人包括各类学校的毕业生、肄业生和在校生）。2020年第七次全国人口普查与2010年第六次全国人口普查相比，每10万人中拥有大学文化程度的由8930人上

---

[1]纪雯雯.中国制造业劳动力成本优势真的消失了吗[J].中国劳动,2018（3）：67-73.

升为15467人；拥有高中文化程度的由14032人上升为15088人；拥有初中文化程度的由38788人下降为34507人；拥有小学文化程度的由26779人下降为24767人。可见随着受教育水平和文化程度的提高，在劳动生产效率提高的基础上，劳动报酬也必然提升，表明在劳动力质量结构优化的同时，劳动效率和劳动报酬也表现出合理增长。

三、体育用品制造业与服务业发展失衡

从体育产业结构上看，我国体育用品制造业与服务业的发展处于显著失衡状态。按照欧美等发达国家的发展经历来看，体育产业发展是以体育健身娱乐、体育培训、体育竞赛表演等体育服务业为核心。如在美国，体育服务业占比达到57%，体育用品所占比重仅为30%。而在我国，体育用品制造业和体育服务业分别占体育产业的62.9%和35.9%，从这个层面来看，我国体育服务业整体占比较低[1]。与体育用品制造业相比，体育服务业发展比例差异较大，总体规模很小，严重比例失衡并不利于体育用品制造业服务化转型发展。

当前我国体育用品制造业尚处于服务化转型发展的初期阶段，很多企业运行成本高、创新能力薄弱，难以形成以服务为利润增长点的竞争优势。激烈的市场竞争，不仅要求企业能提供满足个性需求的差异化服务的高附加价值，还要求在集成制造、信息技术、管理、通信等方面形成强有力的支撑。因此，我国体育用品制造业服务化难以在短期内转型成功，中小微企业在政策红利时效性过后，仍面临劳动力成本大、原材料价格昂贵、人才流失、经营管理落后等问题。

四、体育用品制造业产业结构性矛盾突出

我国的体育用品制造业规模已居世界前列，上、下游产业链结构相对完整，尤其是在生产制造方面已经积累了丰富经验，但在产业结构上并不合理。

---

[1] 黄元木. 福建体育用品制造业服务化转型的现状分析[J]. 体育科学研究，2019，23（3）：28-33.

我国体育用品制造业发展集中在下游产业，以组装加工、贴牌生产为主，而上游产业链则处于长期受制于国外体育品牌的被动局面。在我国体育用品制造企业中，像李宁、安踏体育等涉及上、下游产业链的企业较少，大多数集中于低端产业链，且很多企业面临淘汰危机。从短期看，我国体育用品制造业是在较短时间内实现增速发展，但从长期看，服务化转型发展是必然趋势。但是，部分中小制造业企业长期存在的产业集中度低、产能过剩、落后产能难淘汰等结构性矛盾仍未解决。

五、新常态给体育用品制造业带来严峻挑战

我国经济由高速增长转向高质量发展，从增量向增质挺进，这个过程突出了许多不平衡、不充分的问题。传统体育用品制造业企业长期依赖的发展路径，在制造业转型升级进程中，需要革新提升竞争力，改变粗放式的发展模式。同时，我国制造业企业仍存在分布不集中、竞争力弱、企业规模小等问题，在工业化进程的持续推进、制造业产业发展取得更多经济效益的同时，总体呈现出资源利用与环境保护之间的主要矛盾，推动我国制造业在实现技术密集型生产的同时必须形成绿色化生产模式，需要推进高碳产业实现低碳化发展，加快建设资源节约型、环境友好型工业园区[1]。

从短期来看，新常态下宏观经济增速放缓、需求环境趋紧的形势难以根本改变，我国体育用品制造业的投资和消费扩张仍面临严重制约。其走出困境的关键仍是去库存、降成本，而产业集群内蕴含着良好的成本节约机制，既可以通过外部经济降低企业的要素成本，又可以通过规模经济降低企业的平均生产成本，还可以通过信誉治理机制降低企业的交易成本和运营成本，这些无疑能够帮助体育用品制造业企业尽快走出困境；从长期来看，我国体育用品制造业彻底摆脱危机的出路在于转变发展方式，走创新驱动的集约型发展道路，而产业集群具有良好的知识溢出效应和创新孵化效应，能够为整个产业的转型升级提供动力支撑[2]。

---

[1] 张志元.我国制造业高质量发展的基本逻辑与现实路径［J］.理论探索，2020（2）：87-92.

[2] 董进，夏成前，战焰磊.新常态下体育用品制造业集群发展：动因、态势与路径［J］.沈阳体育学院学报，2016，35（6）：14-21.

第二节 中国体育用品制造业服务化发展的重要性

一、服务化有助于体育用品制造业摆脱低端锁定

美国、英国、日本等发达国家制造业率先服务化，他们经历了制造业与服务业从分工、分化到融合的整个历程，由此服务化也就成为全球制造业发展与升级的重要趋势。改革开放以来，我国制造业积极参与全球分工，依托劳动力、土地等成本优势，实现制造业高速发展，短时间内成为世界制造业加工生产的主要基地。但是，随着我国经济社会的不断发展，原有的劳动力、土地等成本优势逐渐消失，传统密集型发展模式遭到不断冲击，使国外体育品牌逐渐向东南亚等劳动力、土地等成本更为低廉的国家转移。此外，我国体育用品制造业发展不仅面临着密集劳动型产业低端国家由下至上的低端挤压，还面临着发达国家在全球制造业产业链中由上至下的高端挤压。在这种上下、高低两端的双重挤压下，我国制造业发展的唯一途径是转型升级。

对于我国这种长期处于全球价值链低端的国家而言，在全球化背景下服务化有助于我国应对制造业国际发展环境变化。我国体育用品制造业要想摆脱低端锁定的局面，就必须努力向价值链上游挺进，实现高端发展战略。而服务型制造是制造业企业研发设计、加工制造能力向服务领域的延伸，具有较高的知识含量和技术创新要求，能够成为我国制造业在国际发展环境中新的竞争优势的重要组成部分[1]。

二、服务化有助于体育制造业向上游环节攀升

体育用品制造业作为我国制造业的重要构成部分，服务化发展必然成为体育用品制造业转型升级的新趋势，推进体育用品制造业与服务业的深度融合，是加快我国体育用品制造业转型升级的最终推动力。

---

[1] 李晓华，刘尚文.服务型制造内涵与发展动因探析[J].开发研究，2019（2）：94-101.

体育产品设计、体育赛事承办、体育服务等属于体育产业的上游；体育产品制造和销售则处于产业的下游。相对而言，处于上游领域的盈利空间更大。通过服务化发展，有助于推动我国体育用品制造业从单一的生产制造环节中剥离，向上游环节的研发设计、核心技术、运营管理及终端的产品销售、售后服务、市场调研等转变。从投入服务化看，随着信息网络技术的广泛应用，制造业投入中服务投入比重不断增加，制造业产业功能日趋服务化。从产出服务化看，服务化成为体育用品制造业差异化竞争的重要手段，体育产品的服务含量不断增大。体育用品制造业与服务业的界限趋向模糊，其产品的形态表现为功能型和服务型两种。在这种情况下，上海市、江苏省、浙江省、山东省、深圳市等一些制造业基础较好的省市，顺应国际上制造业与服务业日益融合的趋势，积极推进从工业省市向服务经济省市的转型，大力发展生产性服务业，制造业企业开始从卖产品向卖服务转变，制造业服务化开始显现良好的态势[1]。

三、服务化是体育用品企业获取竞争优势的推动力

服务化是在传统体育用品制造业的基础上，摒弃传统以产品为主导转向以服务为主导，提供更为符合消费者需求的个性化、定制化的服务产品，是体育用品制造业与服务业的深度融合模式。这种模式对体育用品制造业而言，能有效拓宽发展路径，革新传统生产模式，对市场、消费者进行重新定位生产和服务的目标，转变运营管理模式，向产业链的高端攀升。以服务化为推动力，革新体育用品制造业发展思维、组织形式、生产重点等，而这些有助于体育用品制造业企业在国内、外竞争中取得优势。以苏州工业园区为例，苏州工业园区的企业长期为全球不同品牌进行生产加工，处于制造业产业链低端，耗费了大量土地、设备以及劳动力资源，制造业企业利润越来越小，很多企业利润来源仍然依靠扩大生产规模来实现；而随着服务化战略的发展，苏州传统制造业必须转变观念，找到长足的发展模式和路径，由原来的代工生产模式转向服务型制造业，借助苏州知识和技术优势，加强强化制造价值链中的知识产权转化；重视智能化生产，贴近个性化消费需求，重视知识价值的创新性在制造业中的作用，进而转变制造业的增长方式，提升竞争力[2]。

---

[1] 郭怀英.制造业服务化：国际趋势及其启示[J].全球化，2013（9）：100-108；128.

[2] 贾文艺.苏州服务型制造业发展现状研究[J].改革与开放，2018（17）：28-31.

首先是生产优势，体育用品制造业服务化的生产制造过程不同于传统制造模式，其突出服务性生产和生产性服务，体现服务价值，实现生产过程的增值。其次是差异化优势，不同的用户具有不同服务需求，其产品具有显著的差异化特征，如通过提供专业化、亲情化的服务提高产品的服务性和体验性，拉开与竞争对手的产品差距。同时，在服务型制造模式下，研发、设计、制造、销售和服务活动被分解到多个企业中，制造业企业缩短了产业链，专注于价值链上最擅长的环节，培养自身的核心竞争力，而将非核心业务的生产活动外置和服务外包。最后是成本优势，体育用品制造业是一种大量、大规模生产的过程，服务型制造在继承这一特性的同时，其具有更为高级的模式，包括用户参与设计、产品开发、制造过程更加分散化和差异化，不仅提高了资源配置的效率，还表现出较大的低成本优势[1]。

四、服务化是体育用品制造业高质量发展的重要抓手

制造业与服务的深度融合，形成新业务模式和新产业形态，是新时代体育用品制造业转向高质量发展的重要抓手。高质量发展意味着要降低人工依赖，通过制造服务化和价值延伸增值，实现个性化定制、协同制造、共享制造等全要素、全过程参与的智能制造，提高体育用品制造业企业的效率和产品的质量。

服务化是我国体育用品制造业高质量发展的必然选择。从服务化角度推进体育用品制造业高质量，一方面是从高端要素进入生产制造过程，通过对信息要素、技术要素、资金要素等生产性服务的要素投入，提高体育用品制造业技术水平和创新能力，为体育用品制造业产业高质量发展奠定基础；另一方面是向制造业产业价值链两端延伸，单一的生产制造是产业链中价值链的最低端环节，可替代性强，而高端环节是高质量的重要前提。在全球价值链体系中，提升国家分工地位，进而提高体育用品制造业产业链现代化、服务化水平。具体而言，诸如工业设计服务、检验检测认证服务、共享制造等都直接有利于产业基础能力的提升，而供应链管理、全生命周期管理、定制化服务、生产性金融服务等则直接有利于拓展价值链和提高产业链水平[2]。对于我国体育用品制

---

[1] 杨慧，宋华明，俞安平.服务型制造模式的竞争优势分析与实证研究——基于江苏200家制造企业数据[J].管理评论，2014，26（3）：89-99.

[2] 黄群慧.高度重视服务型制造创新发展[J].智慧中国，2020（10）：42-44.

造业而言，补齐大而不强、产业基础能力薄弱和产业链现代化水平不高等关键短板，大力推进体育用品制造业服务型制造无疑是十分有效的途径。

第三节 中国体育用品制造业服务化发展的可行性

一、"中国制造2025"带来服务化发展契机

"中国制造2025"是随着第四次工业化浪潮而催生的战略部署，是我国新时期对工业化的顶层设计和宏观规划，同时也是推动产业结构升级转型的具体实施方案[1]，而制造业与服务业的融合发展，是中国制造业转型升级的一种逻辑。"中国制造2025"是接下来一个阶段我国制造业发展的顶层设计，其中明确将制造业服务化作为我国制造业产业结构升级发展中的一种重要任务，指出要加快推进制造业与服务业的协调发展，创新商业模式、业务模式和生产模式。

近年来，随着国家不断出台行业扶持政策，体育产业也逐渐迎来市场发展的良机。在国家制造业结构升级背景下，体育用品制造业作为我国制造业的重要构成部分，在向服务型制造业转型的过程中，是国家重点关注的基础产业。从整个产业视角看，"中国制造2025"是我国体育用品制造业转型发展的一个重要契机。"中国制造2025"为我国体育用品制造业服务化发展提供强有力的政策保障。从宏观层面看，"中国制造2025"提出多项政策保障，包括深化体制机制改革、营造公平竞争的市场环境、完善金融扶持、加大财税支持、健全多层次人才培养体系、完善中小微企业政策、进一步扩大制造业对外开放、健全组织实施机制等。可见，"中国制造2025"的政策保障为我国制造业服务化转型发展提供了良好的发展环境和配套设施等。这些政策保障，对体育用品制造业来说，也是重要的政策保障。此外，"中国制造2025"提出的创新、质量、服务等方针，为体育用品制造业服务化发展指明了方向。毫无疑问，"中国制造2025"的规划措施对于体育用品制造业的转型升级具有一定的作用。

---

[1] 黄艳梅，于珺．"中国制造2025"战略下体育用品制造业发展路径研究[J]．天津大学学报（社会科学版），2020，22（1）：39-45．

二、供给侧结构性改革战略导向服务化发展

长期以来，我国对经济增长进行宏观调控主要是通过调节税收、财政支出、货币信贷等需求侧管理来实现的，强调扩大投资需求、消费需求和净出口增长，重在解决总量性问题，进入经济发展新常态后，国内、外形势发生了很大变化[1]。习近平同志指出，要着力提高供给体系质量和效率，增强经济持续增长动力。我国制造业经过几十年的发展，其规模已经跃居世界首位，但是在全球制造业产业链中始终处于中低端地位，进入新常态后的中国制造业存在供给体系质量和效率低下的问题，许多企业生产效率低下、低端产能过剩、成本负担过高，已严重影响我国国家经济的整体发展。因此，为了进一步适应新常态，国家作出经济结构战略性调整，其关键在于推进制造业的转型升级。当前我国经济正处于新、旧动能转换的关键期，也是制造业转型升级的瓶颈期，供给侧结构性改革战略精准聚焦要着力解决制造业高端产品和产业供给不足的问题，其中服务型制造是我国制造业转型发展的重要方向。当前全球制造业智能化、服务化趋势明显，发达国家制造业服务投入普遍超过30%，在此大趋势下，我国从制造大国走向制造强国，其转型升级的必然是推进制造业、服务业的深度融合[2]。可见，体育用品制造业服务化发展是符合国家制造业供给侧结构性改革战略导向的，体育用品制造业依托原有业务，发挥生产服务性的带动作用，提高生产制造业的服务投入，提高生产质量和效率，创造高端化的生产服务性制造业。

三、"高水平开放"拓展体育用品制造业服务化发展空间

"摸着石头过河"的发展精神让我国制造业制定了规模化的赶超模式，承接了大量国外品牌的组装加工，但是这种模式本身存在一定缺陷，尤其我国进入新常态后，加快了制造业结构性矛盾问题。随着我国制造业结构升级的进一步深化，实施更高水平、更为开放的发展战略，有利于我国制造业产业链、供应链在激烈的国际竞争中获得更多优势，以高水平开放推动我国体育用品制

---

[1] 沈坤荣，李震.供给侧结构性改革背景下制造业转型升级研究[J].中国高校社会科学，2017（1）：64-73.

[2] 迟福林.以高水平开放推动先进制造业和现代服务业深度融合[N].经济参考报，2019-09-16（1）.

造业服务化发展，拓宽生产性服务业发展空间。

近年来，我国体育用品制造业总体发展格局呈现不断扩大的国际化趋势，各类体育用品和相关生产要素跨国界流动日趋增强，贸易障碍逐步降低，企业投资相互渗透增多[1]。但是，在全球制造业服务化、智能化浪潮中，长期在中低端徘徊的中国体育用品制造业在外向型经济中面临重大压力；在此环境下，中国有必要身体力行，坚定地走开放型经济发展道路，全力打造公平、法治、国际化的营商环境。此举不仅有利于发挥我国经济自身的增长活力，保持经济健康稳定发展，同时也将有利于我国在国际竞争中获得主动，有利于我国在国际事务中发挥更大的作用，更有利于我国企业公平地参与国际竞争并不断获得国际竞争的新优势，进一步扩大我国在国际上的影响力[2]。因此，我们应该以高水平开放的视角看待，倡导以"自贸区、一带一路"建设为契机，推动经济向更高层次开放发展；东盟、非洲等"一带一路"沿线众多发展中国家与我国的技术合作和出口产品有很强的互补性，为我国体育用品制造业的多边技术合作创造全新的发展机遇，推动产业技术从中低端向中高端迈进。

四、龙头企业服务化实践经验借鉴

在全球制造业服务化大趋势下，国内不少企业探索转型升级，这些先行企业的成功转型为我国体育用品制造业服务化转型提供了重要的经验借鉴。以安踏安踏体育用品有限公司为例，该公司在1994年成立，其业务涵盖开发设计、制造销售等，2014年跃居中国品牌排行首位。我国体育用品制造业整体上处于中低端环节，安踏体育用品有限公司也难逃低端锁定。所以在2008年北京奥运会后，安踏体育用品有限公司开始向服务型制造业转型，首先是战略上发生转变，从品牌批发转向品牌零售、从单一品牌转向多元品牌，在这一过程中尤为重视技术开发，斥巨资兴建运动科学实验室，研发专利技术，同时以用户价值为导向，针对不同消费群体进行市场细分的精准定位，提供大众和中高端消费的产品和服务。其次是产品服务化升级，为了进一步向价值链上游攀升，同时打通下游渠道，形成完整的产业链，不仅与供应商、重点客户达成战略合作，如共建实验室和派遣技术人员等，而且与社会、高校等科研机构、公司合作，

---

[1] 刘晴，罗亮，黄晶．"双循环"新发展格局下我国体育用品制造业高质量发展的现实困境与路径选择[J]．体育学研究，2021，35（2）：29-38．

[2] 霍建国．高水平开放是我国构建高质量发展的客观基础[J]．清华金融评论，2021（6）：29-32．

广纳优秀技术人才，形成下游供应商和客户、上游技术、人才、运营等机构与企业、高校等形成纵向链式结构的网络。

除安踏体育用品有限公司外，特步、361°等企业也先后进行了服务化转型，如特步的全渠道营销模式，针对下游产业链的服务化转型，将原有"超期服役"的老旧系统更新整合为线上与线下相互联动的一体化、全渠道运营管理平台，贯通、整合竞拍平台、App微营销平台、线上商城平台、基于位置服务（LBS）平台、万商联盟、商城连锁平台、供应商平台、分销平台等各渠道销售平台，实现多渠道互动，大幅提升了决策的及时性与精准性，从而成为企业数据驱动运营的基础。又如361°的大数据网络模式，旨在上下游产业链服务延伸，361°依托现代互联网技术，顺应经济发展信息化趋势，基于实现企业间的价值共创与百度公司开展合作，成立"大数据创新实验室"，依托大数据网络实现研发与销售等产业链上、下游环节的服务化升级[1]。

---

[1] 李碧珍，李晴川，程轩宇，等.价值链视域下体育用品制造业服务化转型路径及其实践探索——以福建省为例[J].福建师范大学学报（哲学社会科学版），2017（5）：16-27.

第四章
中国体育用品制造业服务化的动力及动力机制

随着数字经济时代的到来，服务化发展成为制造业高质量发展的重要方向。我国作为体育用品制造业大国，其服务化发展过程中存在哪些动力及动力机制？这些动力及动力机制又是如何驱动体育用品制造业服务化的顺利进行？科学回答上述问题，对我国体育用品制造业服务化发展具有重要意义。

第一节 中国体育用品制造业服务化的动力因素

一、中国体育用品制造业服务化发展的外在动力

（一）产业政策的驱动力

产业政策是相关政府部门对产业经济活动的主动干预，是保障产业能够健康、快速、持续发展的基础，具有优化产业资源配置、增强产业竞争力等作用。在劳动力用工成本不断提升的背景下，政策的制定与实施不仅能够有效弥补市场失灵、降低交易与运营成本，还可以推动创新驱动发展，保障产业的高质量发展[1]。近年来，随着体育产业从高速发展迈向高质量发展，在国

---

[1] 蔡建辉，李增光，沈克印. 体育用品制造业高质量发展的动力机制与推进路径——以安踏体育用品有限公司为例[J]. 武汉体育学院学报，2020，54（12）：53-60.

家层面出台了多项利好政策为体育用品制造业向服务化转型升级发展指明方向（表4-1）。相关政策文件主要集中在支持体育用品制造业创新发展、加快制造业转型升级、推动生产型制造业向服务型制造业转变、制造业与服务业融合发展等方面。

表4-1 体育用品制造业服务化发展的相关政策

发布时间	主管部门	政策文件	相关内容
2007年3月	国务院	《关于加快发展服务业的若干意见》	到2020年，基本实现经济结构向以服务经济为主的转变，服务业结构显著优化，就业容量显著增加，市场竞争力显著增强
2014年10月	国务院	《加快发展体育产业促进体育消费的若干意见》	体育服务和产品更加丰富，体育服务业在体育产业中的比重显著提升。积极支持体育用品制造业创新发展，采用新工艺、新材料、新技术，提升传统体育用品的质量水平，提高产品科技含量。体育产品和服务层次更加多样，供给充足
2015年5月	国务院	《中国制造2025》	加快制造业转型升级、推动生产型制造向服务型制造转变，力争到2025年从制造大国迈入制造强国行列
2016年5月	国家体育总局	《体育发展"十三五"规划》	进一步优化体育服务业、体育用品制造业及相关产业结构，实施体育服务业精品工程、体育用品制造业创新提升工程和体育产业融合发展工程。大力发展"体育+"，积极拓展体育新业态
2016年7月	国家体育总局	《体育产业发展"十三五"规划》	结合传统制造业去产能，引导体育用品制造企业转型升级。支持体育类企业积极参与高新技术企业认定，提高关键技术和产品的自主创新能力，打造一批具有自主知识产权的体育用品知名品牌
2016年7月	工业和信息化部等三部门	《发展服务型制造专项行动指南》	为贯彻落实《中国制造2025》，把握新一轮科技革命和产业变革带来的机遇，促进制造业由生产型制造向服务型制造转变

（续表）

发布时间	主管部门	政策文件	相关内容
2019年9月	国务院办公厅	《体育强国建设纲要》	加快推动互联网、大数据、人工智能与体育实体经济深度融合，创新生产方式、服务方式和商业模式，促进体育制造业转型升级、体育服务业提质增效
2019年9月	国务院办公厅	《关于促进全民健身和体育消费推动体育产业高质量发展的意见》	到2022年，体育服务业的增加值占体育产业增加值的比重达到60%，调整体育产业结构，将占大比重的体育制造业、传统制造业转向新型体育服务业
2021年8月	国务院	《全民健身计划（2021—2025年）》	优化产业机构，加快形成以健身休闲和竞赛表演为龙头、高端制造业与现代服务业融合发展的现代体育产业体系

为了更好地落实国家关于体育产业相关政策的指导意见，全国各省、市、地方也相继出台相关政策文件，推动体育产业与相关业态的结构升级与转型。如福建省政府颁布印发《关于加快发展体育产业的实施意见》《关于加快体育产业发展促进体育消费十条措施的通知》，设立体育产业专项资金，有力推动了体育产业在更高起点加快发展；《福建省"十三五"体育事业发展专项规划》指出，加快体育用品制造业结构性转型升级，积极调整体育用品产业结构，大力发展高科技、高附加值的高端体育用品制造业，鼓励和引导体育用品制造业龙头企业加大技术创新和技术改造，提升产品技术含量和品牌附加值，带动体育服务业的配套和跟进发展，延伸产业链，提高市场竞争力，以资源整合为抓手，推动跨区域、跨行业、跨所有制兼并重组，推动转型升级。在一系列政策的驱动下，2018年福建省体育产业总规模达到了4295亿元，实现了增加值1496亿元，占全省GDP比重的4.17%，体育产业总产值占全国体育产业总产值近1/5，并已从较单一的体育用品制造业，逐步转型为以体育用品业为支柱，体育场馆为依托，体育健身、竞赛表演、体育旅游、体育中介和培训市场等协调发展的体育结构体系。

2018年1月，全国体育产业大会提出，未来体育服务业要作为主攻的六大产业链之一。显然，随着体育产业发展上升到国家战略层面，利好政策的相继出台和落实，以及大众体育锻炼意识的不断增强，体育服务业将迎来"新一轮的黄金发展期"，体育服务业相关产业的市场空间巨大，为体育制造业服务化的转型提供了保障。

（二）科技创新的引领力

进入21世纪以来，以互联网、云计算、大数据、人工智能等为代表的信息技术和新能源、新工艺、新材料等科学技术，大力推进了全球制造业的分工格局和竞争态势，科技与产业更新加速重构制造业体系。企业核心技术的研发与设计是体育用品制造业产品差异化竞争技术壁垒的关键，体育用品制造业服务化的转型离不开产业内核心企业的推动，体育用品龙头企业可以利用其先进的研发技术，为产业集聚内中小微企业提供全面研发的技术支持，或在产品生产方面提供足够的生产资源，还可以在终端市场提供强大的方案整合与设计能力。相关研究表明，加快科技创新可以有效推动制造业向服务化、智能化、绿色化发展[1]。为了解体育用品制造业科技创新与服务化发展之间的关系，课题组通过数据收集，得到2017—2019年我国体育用品制造业上市公司研发投入情况（图4-1）。从图4-1可以清晰地看出，具有服务化趋势的企业，研发投入明显高于无服务化趋势的企业，说明科技创新对体育用品制造业服务化发展具有促进作用。

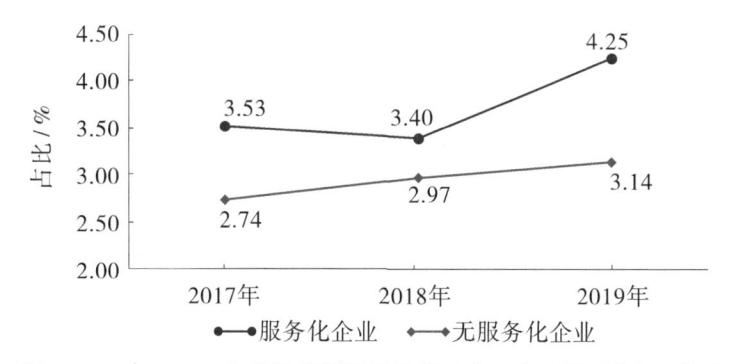

图4-1　2017—2019年各类型体育用品制造业上市公司研发投入情况

---

[1] 陶永，赵罡，王田苗，等.以加快科技创新推动先进装备制造转型升级的策略思考[J].高技术通讯，2016，26（2）：173-179.

制造业企业要在激烈的市场竞争中获得优势地位，就需要加快传统制造业转型升级的进程[1]。制造业转型升级的关键是创新，创新是我国制造业发展的不懈动力。随着网络应用技术和庞大用户群体支撑多重形态的"互联网+体育""数字+体育""AI+体育"等新业态的出现，这些规模经济的显著应用，成为我国体育产业巨大的增长点[2]，也为我国体育用品制造业的转型升级起到了引领力的作用。如数字技术、智能技术在体育领域的渗透。当人们在运动健身时，数字感应技术可以实时感知人体在运动过程中的生理、生化信息，并在对大量数据进行分析的基础上，为个体提供更加科学的个性化运动辅导建议。同样，"AI+体育"在体育场馆中的应用，不仅能够帮助裁判作出更准确的裁定，还可以给远程观众带来更加独特的个性化观看体验。这些新业态、新技术的发展，一方面是以消费者日益增长的消费需求为导向，另一方面是体育用品制造业企业受到科技创新的引领，通过"体育+服务""体育+科技"等多业态融合发展，以及自身产品技术的研发与创新，引领体育用品制造业的服务化发展，为人们的体育健身保驾护航。

（三）市场需求的拉动力

满足消费者的需求可以促进企业利润增长，制造业服务化动力来源于市场需求的变化和激烈的市场竞争。随着人们对美好生活需求的不断提高，体育健身活动逐渐成为人们生活必不可少的重要组成部分。国家统计局数据显示，2019年我国经常参加体育锻炼的人数为4亿，2020年增长到了4.35亿，且有较大的增长空间。当前我国居民体育消费总量已达万亿元，其中75%左右来自体育用品消费。图4-2为2014—2019年中国体育零售商品销售额情况，由图可知，近几年我国居民对体育用品的需求总体呈增长趋势，且受疫情影响，居家锻炼成为许多人日常健身的首选方式，因此促进了体育用品销售。据前瞻产业研究院预测，2020年中国体育用品零售商品销售额将达到281.88亿元左右。在2021年中国国际体育用品博览会上，除了健身器械、康复品类、体育场馆及器材展区外，体育消费及服务展区较以往呈现出了较多亮点。以制造为抓手，向赛事、培训等细分赛道渗透，成为该届体育用品博览会的新趋势，特别是在国

---

[1] 阳立高，谢锐，贺正楚，等.劳动力成本上升对制造业结构升级的影响研究——基于中国制造业细分行业数据的实证分析[J].中国软科学，2004（12）：136-147.

[2] 江小涓.体育产业发展：新的机遇与挑战[J].体育科学，2019，39（7）：3-11.

家体育总局、教育部联合印发《关于深化体教融合 促进青少年健康发展意见的通知》下发后，给青少年体育培训市场带来了巨大的增长潜力和空间，也为体育用品制造业企业打通制造和培训两段业务带来了机遇。旺盛的市场需求，对于体育用品制造业的发展来说是一个机遇，也顺势拉动了体育用品制造业向服务化转型升级的发展。

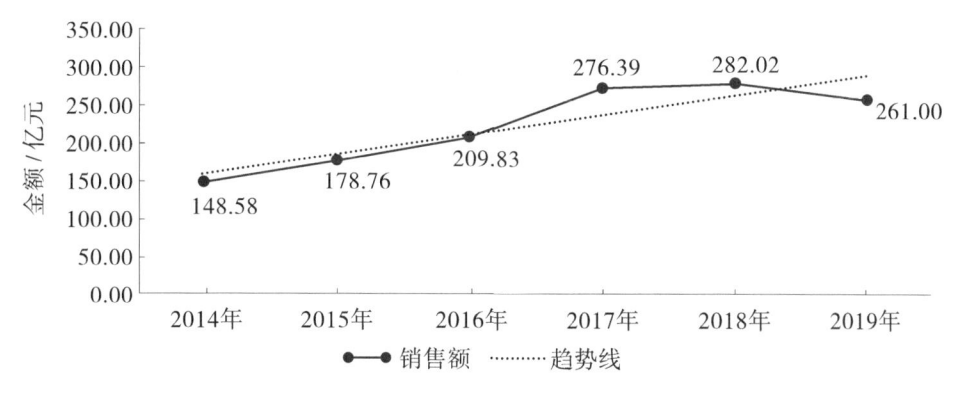

图4-2 2014—2019年中国体育用品零售商品销售额情况

伴随着物质生活水平的提高，消费者对体育用品的要求也不断提高，消费者不再仅满足体育用品质量的好坏，而更关注于体育用品所富有的"功能"，即体育用品所包含的服务。体育用品消费者需求的升级推动着体育用品制造业企业向着高质量发展，以满足体育用品消费者的需求。"体育用品+服务"恰恰能更好地满足体育用品消费者多样化、个性化的需求。营销理论指出，在市场份额竞争中，制造业企业不仅要提供质量可靠的产品，更要全面、深刻地了解市场的需求，以满足消费者所需，而这都归属于制造业企业的服务环节。了解体育用品消费者的需求离不开体育用品制造业信息技术的投入，满足体育用品消费者的需求离不开体育用品制造业创新能力的提升，而体育用品制造业创新能力的提升离不开体育用品制造业人力资本的投入，这3个要素正是体育用品制造业服务化效度测量影响因素中最重要的3个要素。因此，这3个要素驱动着体育用品制造业走向服务化。客户市场需求驱使体育用品制造业从产品导向转为产品服务系统导向。如"青花瓷"这首歌曲的流行引起了大家对青花瓷的关注，更多人去了解它的文化内涵，进而激起了大众对于青花瓷的喜爱。体育用品制造业部分企业捕捉到了消费者的心理需求，生产出的以青花瓷为主题的体育服饰（白底青文装饰）畅销全国。这种现象正是顾客需求导向的结果，也正是顾客市场需求推动了我国体育用品制造业服务化，带动了我国体育用品制造业企业的发展。

上述可知，体育用品制造业服务化转型的拉动力是消费者与市场需求[1]。传统体育用品制造业主要强调产品的工艺水平，为顾客提供产品，顾客不参与产品制造的过程。而服务型制造以市场需求为中心，根据顾客需求提供产品设计、制造、应用、维护等全生命周期的解决方案。随着全球经济的快速发展，生活水平的提升，以及全球化所带来的社会文化、价值观的多样化，消费者的消费文化从产品需求向个性化、差异化和体验化需求转变。多样化的消费、市场需求与传统体育用品制造业发展不平衡、不充分之间存在矛盾，从供给侧方面，体育用品制造业自主品牌较少，产品供给消费者选择性也较少；从需求侧方面，体育用品制造业提供的产品同质化现象严重，产品不能充分满足消费者对个性化产品与服务的需求，以及消费者对产品在性能与功能方面的差异化情感诉求。随着消费升级浪潮的兴起，体育用品消费方式从传统商品消费向体验服务消费转变，顾客更为关注产品全生命周期为自己所带来的价值共创，在激烈的体育用品市场竞争中，只有满足消费者个性化、差异化和体验化服务需求，以及能够提供优势产品的企业才能在竞争中取得成功。

（四）企业竞争的推动力

改革开放40多年来，中国体育用品制造业通过"三来一补"、委托加工、合资独资等方式，依靠廉价的劳动力、土地、资源等要素优势，长期处于价值链的低端环节，存在严重的"低端锁定、高端不足"现象。随着多重利好政策的推动，以及互联网、大数据、智能化等技术的成熟，激发了体育市场主体的活力和创造力，促进了传统体育用品制造业开始关注并通过服务获取竞争优势，也吸引了小米、京东等一批高新技术行业、服务行业涉足体育用品制造业。如属于高新技术企业的小米科技根据当代人群对智能产品的喜爱及运动习惯，推出了具有健身功能的智能电视、运动手环、体脂秤等体育健身用品，并于2021年投资资金，与以互联网技术为体育运动和休闲娱乐场馆提供一站式智能服务的管理平台的动网达成合作。在体育用品制造业内部，安踏体育作为首家进入百亿俱乐部的运动品制造服务企业，从早期的代工贴牌生产，通过产品溯源化和产品服务化两种模式，以及战略目标定位、知识资源共享、新技术开发、高级人才驱动、顾客主导逻辑、产品服务协调6个关键要素，帮助安踏体

---

[1] 叶宋忠，仇军. 老龄化背景下养老产业与体育产业融合发展研究[J]. 西安体育学院学报，2019（4）：10-14.

育用品有限公司成功转型。根据安踏体育用品有限公司发布的2021年上半年财报显示，安踏体育用品有限公司上半年营收高达228.1亿元，稳坐国产运动鞋服行业首位。

受行业内外部的冲击和挑战，优胜劣汰的市场竞争法则也致使喜得龙、贵人鸟等一些曾经风光无限的传统体育用品制造业企业不得不面临破产的局面。因此，来自企业间的竞争，给传统体育用品制造业企业带来压力外，也有效促进了体育用品制造业企业从内至外的转型升级，推动了体育用品制造业的服务化发展。

二、中国体育用品制造业服务化发展的内在动力

（一）服务化发展助力价值链重心转移

经济全球化的今天，技术进步促使体育用品制造业分工日渐细化，体育用品制造业价值链（研发、设计、制造、加工、销售、配送和售后维护）中增值环节越来越多，产品价格60%以上的增值发生在服务环节，只有不到40%的增值发生在制造加工过程中。基于产业经济学的"微笑曲线"理论可知，体育用品制造业的服务附加值远高于制造加工环节，而体育用品制造业无论向着产业链上游的研发、设计，还是下游的营销、品牌和售后服务延伸，都会获得更高的附加值，使体育用品制造业企业获得更高的利润。我国体育用品制造业企业纷纷开始向着价值链两端的高附加值环节拓展，以期获得更高的利润，实现企业更高的营收（图4-3）。因此，作为结果性影响要素的体育用品制造业企业技术服务水平进一步促使体育用品制造业向服务化发展。根据原因度与影响度的测算可知，体育用品制造业企业技术服务水平原因度小于0、影响度大于1，而体育用品制造业信息资本投入、体育用品制造业人力资本投入、体育用品制造业行业属性、体育用品制造业企业规模、体育用品制造业产业竞争强度原因度大于0、影响度小于1。因此，体育用品制造业信息资本投入、人力资本投入、行业属性、企业规模扩大、产业竞争强度变化同样促使体育用品制造业向服务化发展。体育用品制造业价值链重心逐渐向两端转移，体育用品制造业产业链控制力空前重要。对于产业链上游或下游高端环节的控制将积极影响体育用品制造业的发展。因此，体育用品制造业价值链重心转移驱动着我国体育用品制造业向服务化发展。

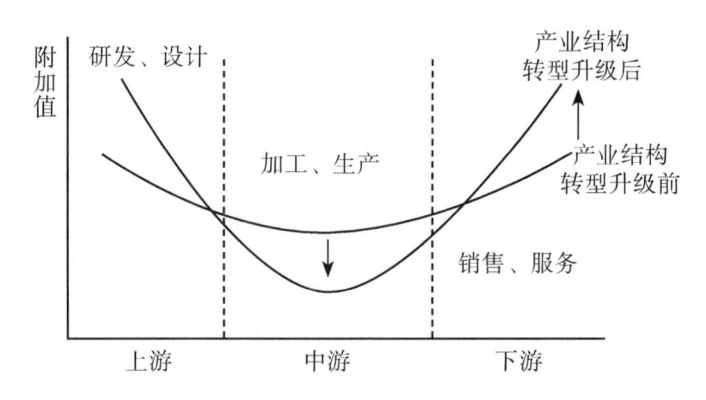

图4-3 服务化发展下体育用品制造业价值链分区的变动

（二）服务化发展创新营销模式

当前，由于产品同质化带来的低成本竞争压力是中国体育用品制造业企业所面临的困难，转型升级是企业实现持续、健康发展的关键，制造业企业探索通过将以往外包的增值服务业务转为由自身提供，通过提供服务来增加盈利，或是从产品供应商转为服务供应商，从而创新营销模式[1]。营销模式的创新，就要求企业相应改进与完善企业内部的管理体系。在打破传统管理模式的约束和适应市场需求的转变中，体育用品制造业企业必须明晰自身的营销方案及品牌形象，通过完备的企业管理体系，助推体育用品制造业企业的全面发展。

依据价值链理论，体育用品制造业服务化无论是从价值链的前端还是后端，都有利于体育用品向着高质量发展。体育用品制造业价值链的前端（研发设计）和后端（售后服务）能够给客户更好的体验，从而满足体育用品消费者的多样化需求。在体育用品的营销上捆绑服务，为体育用品消费者提供全套的解决方案，提升体育用品的附加值，突破传统的以产品为中心的营销方式，转变为以服务为中心的营销方式，实现体育用品短期交易向长期交易营销方式的转变，从而创新体育用品营销方式。这种以服务为导向的长期营销方式为体育用品制造业企业培育出发展的新动能，为体育用品制造业企业创造竞争优势。体育用品制造业企业长期营销正是以客户关系为基础，作为结果性要素的客户

---

[1] 肖挺.制造业服务创新与上市企业生存问题的实证分析——基于生存模型的研究[J].当代经济管理，2020，42（12）：45-54.

关系影响度小于1。客户关系对体育用品制造业服务化的影响容易受到其他要素的影响，因此在体育用品制造业实现长期营销过程中要密切关注客户关系。体育有形产品营销方式创新和竞争优势创造的需求驱动着我国体育用品制造业向服务化发展。

（三）服务化发展提升企业价值

制造业服务化过程也是服务内容从简单到复杂、从低端到高端的过程。知识、信息等逐步成为价值创造的主导要素并形成无形的价值链。随着人们物质生活的丰富、全民健身开展的如火如荼，以及体育产业的蓬勃发展，现代体育用品制造业稳定增长，然而要想在各体育用品制造业的激烈竞争中脱颖而出，必须实现差别化经营，即在满足体育用品消费者需求的前提下，突出自己产品的特色，提升企业价值。体育用品制造业企业在竞争中为争取更多的客户资源，不仅要保障产品的原有价值，还要对产品进行"增值"，即增加产品的服务，从产品的创新设计到产品的创新售后，实现体育用品制造业企业的全方位创新，走出特色产品经营化道路。面对体育用品产能过剩、同质化严重、质量低下和低端化（科技含量低）等困境，要加速实现体育用品制造业企业经营的差别化。而体育用品制造业服务化实现了体育用品的多样化，提升了体育用品的科技含量，充分挖掘了体育用品的产品价值，推动了体育用品的高质量发展。并在满足体育用品消费者需求的基础上，提高其体验满意度，树立体育用品制造业企业的良好形象，并加速体育用品制造业企业品牌化经营。

通过课题组的调研发现，多数体育用品制造业服务化发展并非完全脱离生产制造，而是把服务嵌入产品中，进而使产品创造更高的价值。如中潜股份有限公司作为我国潜水装备等涉水活动防护装备的研发、生产及销售的体育用品制造业企业，通过打通产品与服务，大力拓展潜水培训及休闲体验服务，为公司开辟了新的价值创造领域。根据中潜股份有限公司2016—2019年年报数据显示，公司所涉及的服务业收入总额和服务收入占营业收入比重均不断提高，企业服务化的价值创造作用明显（图4-4）。体育用品制造业企业北京三夫户外用品股份有限公司在以线上线下连锁零售多品牌、多品类专业户外运动用品为主营业务的同时，从早期的涉足组织户外活动和户外赛事到现在拥有三夫赛事、三夫团建等产品品牌，企业的服务化发展促进了服务收入的增长，也提升了企业价值（图4-5）。因此，实现差别化经营、提升企业价值、树立良好企业形象需要推动着我国体育用品制造业向着服务化方向发展。

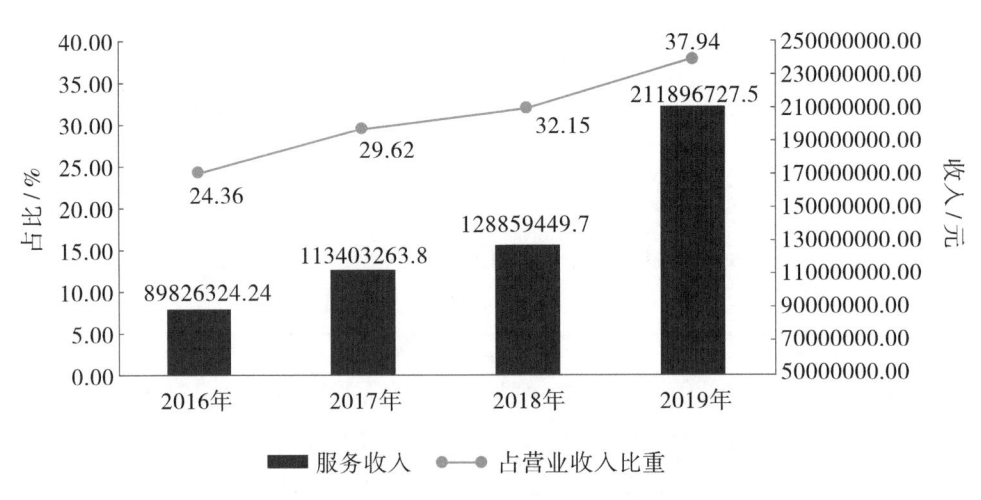

图4-4 中潜股份有限公司服务业务收入和占比

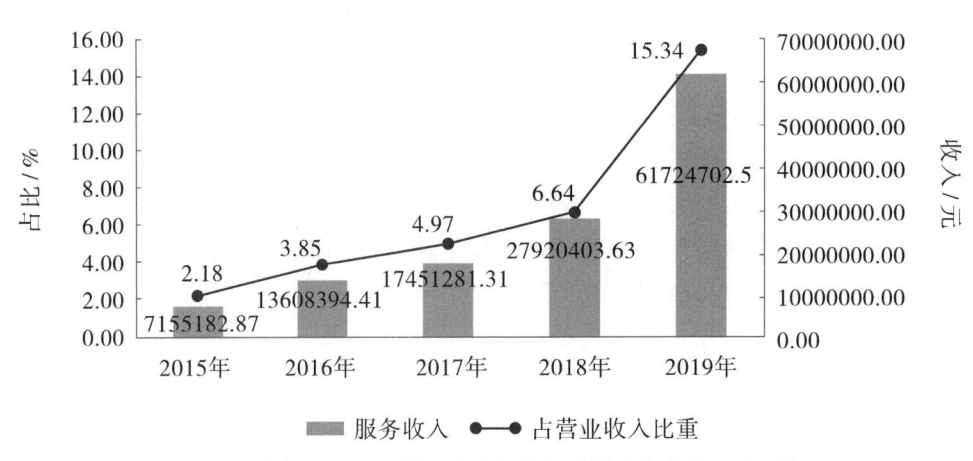

图4-5 北京三夫户外用品股份有限公司服务业务收入和占比

（四）服务化发展优化产业结构

推动高质量发展是当前和今后一个时期确定发展思路、制定经济政策、实施宏观调控的根本要求。从满足人民日益增长的美好生活需求出发，优化产业结构，是实现高质量发展的重要内容。在发达国家存在2个"70%"现象，即服务业增加值占GDP比重的70%，制造服务业占整个服务业比重的70%。我国体育产业作为绿色产业、朝阳产业，在国民经济和社会发展中的战略地位逐渐凸显，是拉动经济增长的新生力量。虽然近些年体育产业在一系列利好政策的支持下，呈现出高速发展态势，但是从表4-2和表4-3可以看出，体育产业的内部产值结构和外部产值结构都存在不均衡的发展状况，该状况在2018年以前尤为突出。主要表现为在内部产值结构中体育用品及相关产品制造的总规模和增加值在体育产业中均占主导地位，体育服务业作为体育产业的核心业态，占比明显不足。可喜的是，自2018年开始，体育用品及相关产品制造与体育服务业的总产值和增加值的比重得到较大改善，体育服务业发展提速明显，我国体育产业内部产值结构逐步趋向合理。外部产值结构表现为，体育产业增加值占GDP的比重偏低，且发展态势缓慢，与发达国家的差距明显，存在较大的提升空间。

表4-2 体育产业发展趋势

年份	体育产业 总规模（总产出）/亿元	增加值/亿元	增加值增长率/%	体育用品及相关产品制造 总规模（总产出）/亿元	总规模占比/%	增加值/亿元	增加值占比/%
2015	17107	5494.4	35.97	11238.2	65.7	2755.5	50.2
2016	19011.3	6474.8	17.8	11962.1	62.9	2863.9	44.2
2017	21987.7	7811.4	20.6	13509.2	61.4	3264.6	41.8
2018	26579	10078	29.02	13201	49.7	3399	33.7
2019	29483	11248	11.6	13614.1	46.2	3421	30.4

表4-3 体育服务业发展趋势

年份	体育服务业 总规模（总产出）/亿元	总规模占比/%	增加值/亿元	增加值占比/%	体育产业增加值占GDP比重/%
2015	5713.6	33.4	2738	49.2	0.8
2016	6827.1	35.9	3560.6	55	0.9
2017	8018.9	36.5	4449	56.9	1.0
2018	12732	47.9	6530	64.8	1.1
2019	14929.5	50.6	7615	67.7	1.1

制造业服务化是指企业从产业链的制造环节向"微笑曲线"两段延伸，推进制造业服务化，是传统制造业转型升级的重要方向和途径，也是促进服务业发展的动力，为产业转型升级提供新的路径。加快促进制造业服务化发展，是向结构调整动力、促进产业结构优化的重大举措。体育用品制造业服务化是通过整合增值服务到核心产品，有助于我国体育用品制造业企业从以产品为中心向以产品提供服务为主转型，可以有效促进体育用品制造业企业加大对产品研发、设计、会展、分销业的发展，推动我国体育用品制造向以服务为主转变。因此，体育用品制造业服务化发展能够实现体育产业结构优化，还可以改善当前体育服务供给创新不足、供给严重滞后的问题[1]。

第二节　中国体育用品制造业服务化的动力机制

在深入剖析、清晰认识中国体育用品制造业服务化的外在动力和内在动力的基础上，探究中国体育用品制造业服务化的动力机制。首先，要认清体育用品制造业服务化发展的条件和现实基础。其次，要探究体育用品制造业服务化发展的新业态，即体育用品制造业的服务型制造。最后，分析体育用品制造业服务化发展形式，即下游产业链服务化、上游产业链服务化、上下游产业链服务化、完全去制造化（图4-6）。

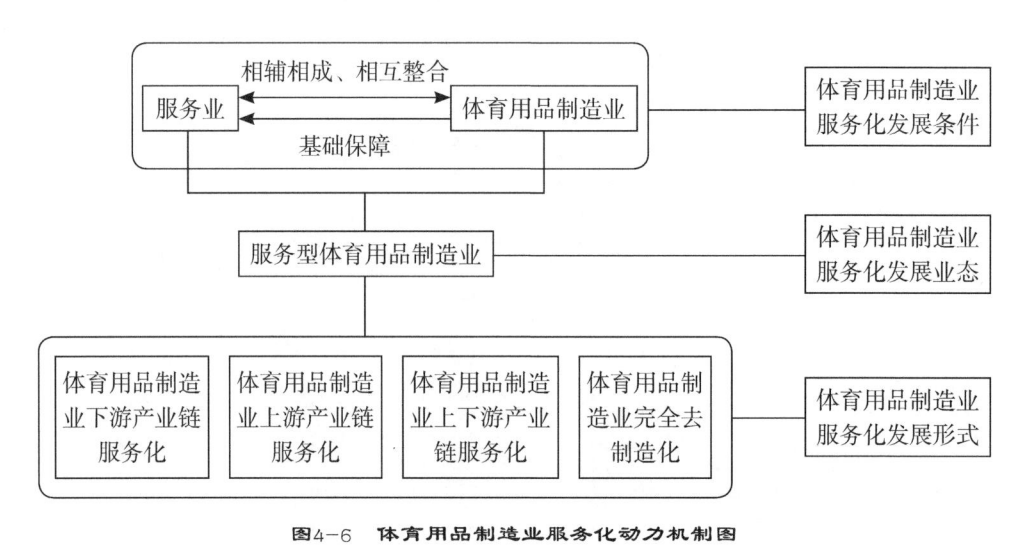

图4-6　体育用品制造业服务化动力机制图

---

[1] 段艳玲，付志华，陈曦.我国体育用品制造业服务化对产业转型升级的影响研究[J].武汉体育学院学报，2019，53（11）：23-28.

一、体育用品制造业服务化发展的现实基础

随着我国经济发展进入新常态，资源、环境约束不断强化，生产要素成本不断上升，导致制造业陷入发展困境。同时，由于人们对美好生活需求的日益增长和丰富，在政策驱动和市场需求的拉动下，近些年各类服务行业开始崭露头角，并呈现出蓬勃发展的大好趋势。2014年，《关于加快发展体育产业促进体育消费的若干意见》出台，全民健身上升为国家战略，全面掀起了运动健身的热潮，为传统体育用品制造业带来新契机，使服务化发展成为推动中国体育用品制造业发展的重要路径。课题组通过对深、沪两市体育用品制造营业收入比重超过50%的8家具有服务化趋势的体育用品制造业上市公司调研发现，在2015—2019年，8家公司服务营业收入占比逐年提高；截至2019年，8家公司服务营业收入占比均值高达9.71%（图4-7）。由此可知，我国体育用品制造业服务化发展对企业经营绩效的贡献逐年提高，体育用品制造业服务化发展具有无限潜力。

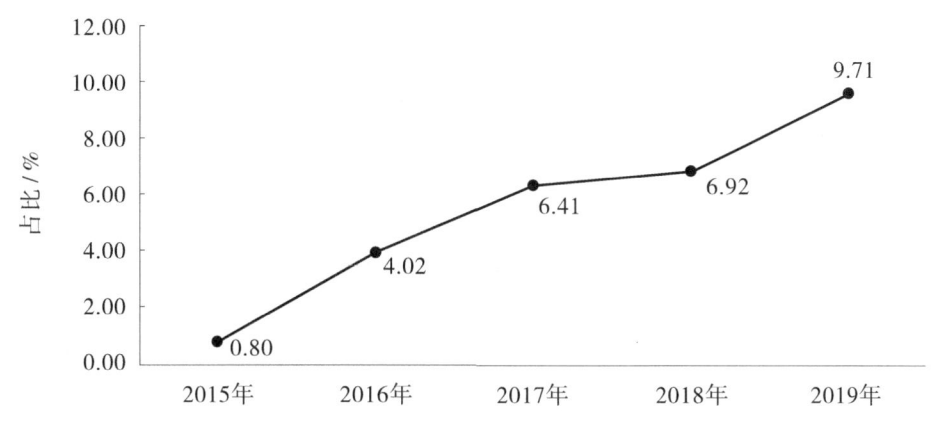

图4-7 8家具有服务化趋势的上市公司服务营业收入占比

从图4-8可知，2015—2019年我国体育用品及相关产品制造、体育服务业总规模整体呈增长态势，特别是体育服务业表现出了强劲的增长势头。通过细致剖析还可以发现，体育服务业增长态势迅猛，是因为体育用品及相关产品制造在体育产业产值地位的锁定上起到了很大的作用。有研究表明，体育服务业

产值的增长与体育用品及相关制造业的技术进步是密切相关的[1]，体育服务业的发展可以引导体育用品制造业向智能化、数字化、服务化等转型升级发展，而体育用品制造业的转型升级在给体育服务业的发展提供物质保障的同时，刺激了体育健身休闲业和体育竞赛表演业的发展，也推动了体育服务业的多业态发展。因此，体育用品制造业与体育服务业相辅相成、相互融合、相互促进的共生发展模式，能为体育用品制造业服务化发展增添动力，并提供现实基础。

图4-8 体育用品及相关产品制造与体育服务业总规模变化

二、体育用品制造业服务化发展的新业态：服务型体育用品制造业

全球经济的发展使制造业与服务业的关系经历着从产业分工到产业互动再到产业融合的演化过程[2]，制造业部门功能日趋服务化。将制造与服务融合，通过消费者全程参与制造业企业产品服务系统的设计、运营、体验，以提供生产性服务和服务性生产，来实现产品价值链向"微笑曲线"两端延伸，成为体育用品制造业服务化转型升级的必然出路和生命线[3,4]。

---

[1]刘兵.我国体育产业发展的内在动力、存在问题与升级路径[J].武汉体育学院学报，2019，53（8）：37-43.

[2]陈宪，黄建锋.分工、互动与融合：服务业与制造业关系演进的实证研究[J].中国软科学，2004（10）：65-71；76.

[3]孙林岩，李刚，江志斌，等.21世纪的先进制造模式——服务型制造[J].中国机械工程，2007（19）：2307-2312.

[4]李碧珍，陈若芳，王珍珍，等.福建体育用品服务型制造的驱动因素及创新模式研究[J].福建师范大学学报（哲学社会科学版）：2018（1）：46-56；109.

服务型体育用品制造业相比较传统体育用品制造业，在产品设计、研发、生产、物流、销售和售后等各方面都更加贴合当代人们享受型消费、求新型消费的习惯。服务型制造在健身器材上的应用，可以催生出新的健身休闲服务模式，如通过健身器材的智能化控制，让消费者花费低成本，即可享受到量身定制的运动计划、课程推荐、运动分享、饮食健身指南等，让运动更加有趣；同时，还可通过数据云服务，助力制造商和客户建立长期友好的联系。服务型制造在运动鞋服上的应用，可以满足运动达人的个性展示，如运动鞋服通过全面个性化定制和科技创新满足独立个体的个性化审美需求；同时，3D可视化、3D打印、人体数据库建设及互通互认、三维人体测量等技术的应用，也为人们带来更加便捷、舒适的使用体验感。服务型制造在体育场馆的应用，可以催生新的科技化、智能化体育场馆新模式，如数字化场馆运用管理系统可以使场馆后台数据实现实时化、可视化，还可以根据数据不断作出更优化的经营决策；基于为用户提供服务的智能化场馆监控体系，将满足用户的出行、运动和社交分享的每一处细节，可以智能追踪入场人员行为轨迹并记录其特征信息，还可以整合各渠道的用户数据，分析个体用户的习惯偏好与基本行为信息，个性化推送用户感兴趣的内容和产品，全面提升了场馆的商业化运营模式。同样，服务型制造在竞赛表演、康体产品甚至体育传媒等领域都能催生新业态、新模式，为满足大众多元化体育需求提供保障。

基于上述分析，结合我国体育产业内外部结构发展的现实情况，可以看出，服务型体育用品制造业是传统体育用品制造业向服务化转型升级的产物，可以提升产业资源配置效率，推动体育用品制造业从产业链低端迈向产业链高端，并衍生出体育新模式、新服务和新消费。

三、体育用品制造业服务化的发展形式

体育用品制造业通过价值链上的变化实现服务化升级的形式主要表现为以下两大类：第一类是传统体育用品制造业企业不断延伸和扩展自身价值链，不再囿于从传统加工制造环节这一价值获取渠道，而是向研发、设计、销售等服务领域延伸以满足客户个性化需求；第二类是单个体育用品制造业企业通过缩短其原有价值链，将其不具备核心竞争力的业务分离或者外包出去，更加专注于发展具有核心竞争力的业务。

（一）体育用品制造业下游产业链服务化发展

体育用品制造业在价值链中地位的转变可以通过向营销、品牌管理等产业链下游延伸，从而实现下游产业链服务化。企业除了注重产品的营销手段、品牌管理及售后服务外，还格外注重给顾客带来营销体验。此时体育用品制造业企业给消费者销售的是体育产品及附属于体育产品的服务。体育用品制造业企业原本并不重视服务，只是纯粹生产和提供产品，价值主要通过实物产品体现，而通过向产业链下游延伸，实现其下游产业链的服务化后，企业在有形产品上增加了服务功能，从而使产品增值，转变为提供面向产品的PSS。此时体育用品制造业企业的组织形态、盈利模式和竞争方式主要为"产品主导逻辑（G-D）"，即以有形产品交流作为主体的市场逻辑，服务在其中仅仅作为提升价值的一种无形附加产品。下游产业链服务化的发展形式，并不要求体育用品制造业企业拥有大量实现服务化及组织变革所需的支撑资源，企业可通过在生产的下游阶段，增加广告、营销与市场推广、运输等服务要素投入，在支持产品满足市场需求的同时，提高企业的知名度与竞争力，因而具有较强的可实现性及相对较低的市场风险。

案例：特步的全渠道营销——下游产业链服务化

特步（中国）有限公司成立于2001年，以"运动时尚"作为品牌定位，逐渐发展成为时尚运动领域的第一品牌。2007年，特步公司获得世界品牌实验室颁布的"中国体育用品NO.1品牌"荣誉称号，2008年6月3日，在香港交易所挂牌上市。信息技术的高速发展使得特步（中国）有限公司经历外部消费环境的剧烈变革，移动互联网对传统零售模式带来巨大冲击，用户需求日渐个性化，消费方式逐渐互联网化，智能终端成为主要业务渠道，企业亟须内部业务转型升级。

为满足互联网消费市场的海量数据分析需求，以实现精准营销与智能决策，2017年特步推出了"3+战略"，即"产品+、体育+、互联网+"，开启互联网技术升级，并于6月23日正式发布与阿里巴巴共建的"全渠道营销平台"。阿里巴巴的淘宝、天猫及聚划算业务拥有稳定可靠的零售云服务技术，核心系统中采用互联网中间件架构，支撑着庞大的线上、线下"新零售"交易。特步与阿里巴巴共同合作构建了一个具有切片化、组件化及服务化的互联网云架构体系，它在促进特步零售转型的战略上起到了重要的支撑作用，并实现了其业务的良性循环与可持续发展。

特步将原有"超期服役"的老旧系统更新整合为线上线下相互联动的一体化、全渠道运营管理平台，贯通、整合竞拍平台、App微营销平台、线上商城平台、LBS平台、万商联盟、商城连锁平台、供应商平台、分销平台等各渠道销售平台（图4-9），实现多渠道互动，极大地提升了决策的及时性与精准性，从而成为企业数据驱动运营的基础。同时，为了提升转化速率及客户复购率，特步向上运用人、货、场优化应用场景技术，借助阿里巴巴的云端共享服务中心实现各个部门的线上运营联动。同时，应用全量数据描绘客户特征画像，采用智能标签功能向不同客户提供个性化商品服务，从而做到"千人千面""增值服务""精准销售""智能决策"，实现销售环节的服务升级。

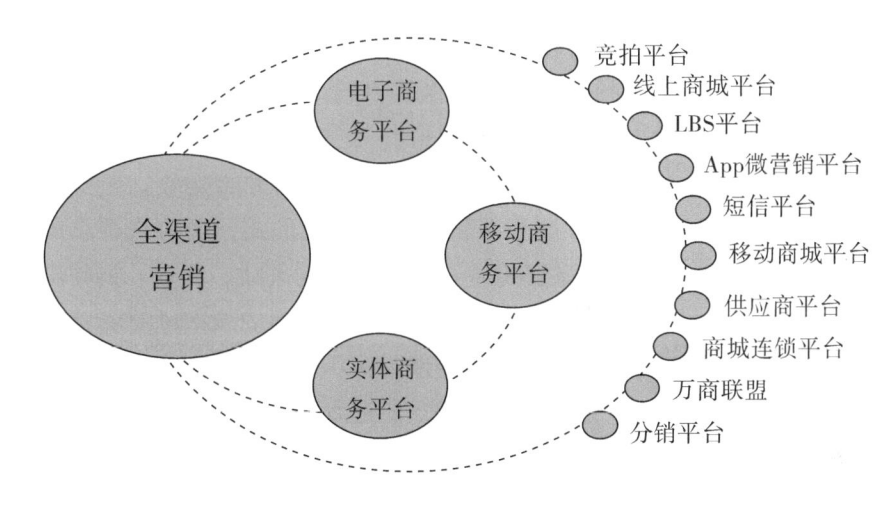

图4-9 全渠道营销平台结构层次示意图

特步基于与阿里巴巴的合作基础，运用新兴互联网技术，通过升级与整合数据系统的方式搭建集成不同媒介，不同终端的全渠道营销平台，从而在为产品销售提供多样化渠道的同时，制订针对不同客户的个性化销售方案，促进产品与客户对接，实现精准营销，减少消费者选购商品的产品成本与时间成本。并在此基础上进一步识别客户特征，提供产品配套服务，从而增加客户体验，培养客户感情及忠诚度，带给消费者"宾至如归"的服务体验。特步通过实现下游产业链服务化完成其在价值链中地位的转变，其以顾客的营销体验为核心，创新营销渠道，为消费者提供适销对路的产品及个性化附加服务，在实现向下游攀升价值链高端的同时为企业长期发展提供了坚定的市场支撑。

（二）体育用品制造业上游产业链服务化

体育用品制造业企业通过向研发设计等上游产业链延伸，提高其研发与技术水平来推动其服务化发展。传统体育用品制造业企业也可通过上游产业链服务化实现其向服务型体育用品制造业的转型升级。通过上游产业链服务化的发展形式，传统体育用品制造业向客户提供的产品服务系统以面向产品的PSS与面向应用的PSS为主，体育产品的服务功能成为客户购买产品时的关注焦点，企业在制定产品战略时会更多考虑体育用品所含的技术与功能成分能否服务于客户的特殊需求，服务成为产品战略的重要组成部分。此时的市场主要为服务主导逻辑（S-D），商品在其中仅仅扮演着承载与传递服务的角色，而无形服务交流与获取才是主体间经济往来的主要目的。此外，在为企业将来实现更高一级的服务化提供应有技术支撑的同时，还可将研发、规划与技术咨询等服务作为其主要业务，并向第三方提供与之内容相关的服务。上游产业服务化发展形式的门槛略高于下游产业链服务化发展形式，因为它要求体育用品制造业企业事先必须拥有相关的专业技术，充足的人才、资金，将其研发设计的能力转化为提供第三方服务的能力，以及拥有较强的承担风险能力。

案例：安踏体育用品有限公司的"芯技术"——上游产业链服务化

安踏体育用品有限公司自1991年于福建省晋江市成立至今，发展成为集设计、开发、制造和销售于一身的体育用品企业，并在技术研发方面处于行业领先地位。2005年，安踏体育用品有限公司投入3000多万元成立了中国首个"运动科学实验室"，这是中国第一家集独立的运动医学、运动生物力学、运动心理技术研究于一体的实验室。2009年11月，安踏体育用品有限公司建立了通过国家发改委审核的我国第一家"国家级企业技术中心"，2011年得到中国合格评定国家认可委员会（CNAS）的认证。此外，安踏体育充分利用外部资源，与国内外高等院校及科研机构建立多角度、全方位的合作机制，在硬件设施与协作机制两个方面为其提高技术研发水平，从而为攀升价值链高端提供保障。

安踏体育用品有限公司在上游研发阶段开发可行性研究、产品构思与设计、市场调研等专门性业务，帮助企业更好地挖掘顾客的需求，通过不同渠道整合顾客信息，反馈至技术研发团队，从而根据追求品质化运动装备的客户群体的需要精准描绘出新一代运动鞋的概念图像。安踏体育用品有限公司加大研发阶段的人力、物力投入，逐渐形成了以客户需求为核心、以产品设计与技术升级为业务重心的生产模式。通过向上游服务业务倾斜，往获利高位延伸，获取高额附加值。

在此模式指导下,安踏体育用品有限公司把握减震、反弹、控制等运动鞋高端技术发展的三大主要方向,经过多年努力取得"A—Core芯技术"及"A—form足弓减震技术"等研究成果以满足专业运动需求,并将这些新型技术用于开发新型运动鞋,研发出了具有易弯折、吸湿速干功能,同时减震效果进一步优化,能量回归效应提升的新一代运动鞋。2016年6月,安踏体育用品有限公司顺应信息化趋势,发布集检测足部翻转、着地方式、受力大小、腾空高度、步幅、着地时间等功能于一身的智能跑鞋,并开发配套App。智能鞋沿用并升级了"芯技术",再一次提升了运动鞋的物理性能,同时利用计算机信息技术进一步拓展其服务性能,为其赢得忠实的客户群。安踏体育用品有限公司将先进制造理念转化为实践,通过开发与增强上游研发设计阶段的服务业务,为产品由注重物理性能转向性能与客户体验并重及公司由产品制造商向"产品制造+服务集成商"升级提供技术支撑。安踏体育用品有限公司改变了体育用品制造业传统的模仿创新模式,走出行业内部低价竞争的恶性循环,以满足顾客需求为出发点,自主研发并掌握了独特的核心技术,通过增加附加于产品上的服务功能,极大地提升了产品的不可替代性,同时进一步促进了公司服务职能的深化。通过上游产业链服务化,安踏体育用品有限公司围绕客户推进技术水平的不断提升,不仅优化了产品质量,实现了凝结于产品中的价值增值,还顺应了业务的变动趋势,进一步推动公司的角色转变,取得服务化发展所带来的高附加值。

(三)体育用品制造业上下游产业链服务化

体育用品制造业企业还可以同时通过上下游产业链延伸来实现服务化。按照刘继国和李江帆的观点,制造业企业上下游产业链服务化是指制造业企业投入服务化和产出服务化齐头并进[1]。上下游产业链服务化是下游产业链服务化与上游产业链服务化的延伸,它融合了两种服务化发展形式,属于高级发展形式,因此也是制造业企业服务化的高级阶段。沿着该路径体育用品制造业企业转型成为具有二重身份的制造服务商,实现向服务型制造业的转型,符合我国当前对制造业工业化和服务化共同迈进的客观需求。SOM销售运营管理系统在形式上表现为将服务融入体育用品制造业企业客户需求的调研、产品设计与

---

[1] 刘继国,李江帆. 国外制造业服务化问题研究综述 [J]. 经济学家, 2007(3): 119-126.

研发、加工制造、营销与售后服务及报废回收等产品的全生命周期过程，为顾客提供的是"产品+服务"的整体解决方案。它将顾客主动引入产品制造的全过程，通过向制造业企业反馈信息来参与整个生产过程，满足顾客的个性化需求[1]。体育用品制造业企业随着服务要素与其生产的各环节渗透、融合程度的加深，逐渐转型为服务型制造商，在产品的整个生命周期内向顾客提供整体解决方案。此时企业向客户提供的产品服务系统逐渐发展为面向结果的PSS，顾客购买的不再是以前单纯的产品或者产品与附加服务的简单结合，而是"产品+服务"的整体解决方案，即非产品也非产品的使用权，取而代之的是购买直接面向产品的使用结果。此时市场为客户主导逻辑（C-D），它是以客户需求与体验为主体的经济往来，并且所有相关的事项均以客户为主导而非以服务型制造业企业或者供应商为主导，在这种市场逻辑下，服务型制造业企业或者供应商仅为相关活动的参与方，而非价值创造活动的发起者[2]。客户主导逻辑是继产品主导和服务主导逻辑后的新型市场逻辑，要求体育用品企业充分挖掘客户需求，并与其供应商一起全力参与并支持客户实现目标。通过上下游产业链延伸实现的服务化较为彻底，且会在企业战略、组织结构及运营模式、新核心能力打造等多方面产生巨大变革，如人力资源配置可能呈现"研发设计与市场服务两边多"的"哑铃型"，因此通过该发展形式实现制造业企业服务化转型伴随着相对较高的风险，比较适合竞争力较强的大型体育用品制造业企业。

案例：361°与大数据网络——上下游产业链服务延伸

三六一度（福建）体育用品有限公司（以下简称361°）成立于2003年，作为福建省体育用品行业的一家代表性企业，2005年，获《福布斯》（中文版）中国潜力100榜之首；2014年，361°投资9000万元于巴西市场，开始进军国际市场，并于2016年成功赞助里约奥运会，为赛事提供官方制服。报表数据显示，2016年度，361°的营业收入增长12.6%，运动终端门店销售量增长7%以上，并在欧美市场拓展其零售业务，国际营业额同比增长80.6%。销量的上升伴随数据量的猛增，囿于传统不同渠道的销售数据经由不同的分公司、大区层层汇总后报送总部进行人工处理的数据整合方式带来的大量人力资本耗费及

---

[1]罗建强，彭永涛，张银萍.面向服务型制造的制造企业服务创新模式研究[J].当代财经，2014（12）：67-76.

[2]郝新军，姚树俊，同世隆.服务型制造模式下价值共创网络研究[J].科技进步与对策，2015（9）：60-66.

时效性的损失。361°依托于现代互联网技术，顺应经济发展信息化趋势，基于实现企业间的价值共创，与百度在线网络技术（北京）有限公司（以下简称百度）开展合作，成立了"大数据创新实验室"，依托大数据网络实现了研发与销售等产业链上下游环节的服务化升级。

在产业链上游的研发设计阶段，361°在利用大数据网络掌握用户需求的前提下，通过百度提供的技术支持来研发新型智能产品，将服务要素融入产品生产的研发设计阶段，推动产品功能的服务化升级。为服务于用户的特殊需求，361°结合社会热点，于2015年1月与10月先后推出了两代智能童鞋。智能童鞋采用了先进的百度地图LBS平台、百度鹰眼、百度轨迹监测、百度健康云等大数据整合技术，赋予童鞋WiFi精准定位监测、安全围栏、健康评价指导等功能，提供给顾客实时掌控儿童位置信息、保障儿童安全与及时预警、健康状况监控、制订运动计划等多项服务。通过智能童鞋，361°极大地增加了产品的服务性与顾客体验，将服务要素延伸至产业链上游。在互联网对传统企业造成巨大冲击的背景下，以用户为中心的产品研发，以及以服务为导向的差异化竞争策略成为361°的转型方向。

在产业链下游的销售环节，361°与百度实现了销售渠道及平台等资源的共享，利用大数据网络研究客户需求，便于企业制定正确的销售战略，锁定目标客户群，实现精准营销，同时不断获取顾客数据用来指导新一轮的产品研发设计制造。大数据网络的建立极大地完善了衔接企业生产周期的客户信息反馈机制，疏通了产业链下游对上游促进效应的传导路径，实现了上下游产业链服务化的协同升级。

361°通过大数据网络将企业客户需求的调研、产品设计与研发、加工制造、销售及售后服务等贯穿产品的全生命周期，形成上下游产业链相互贯通、顾客全程参与的生产模式。企业通过掌握来自不同终端、不同渠道、不同环节的海量用户需求数据，获取与识别客户的个性化需求，从而顺利指导其生产决策，研发和生产符合用户需求的产品，并为客户提供合适的增值服务，便于企业向客户提供"产品+服务"的整体解决方案。此时，客户已不仅仅是产品的接受者，也是生产过程的主导者，客户的信息反馈职能得到了361°的充分发挥，从而使之成为生产的起点与最终归宿。另外，361°通过向上下游服务环节的延伸，在攀升价值链高端的同时，实现了对市场需求的动态跟踪，为维持其竞争力奠定了基础。

（四）体育用品制造业完全去制造化

此时体育用品企业完全退出低附加值的制造领域，剥离或外包原有制造业务，实现"完全去制造化"，仅从事于附加值相对较高的上下游产业链的服务环节，通过非相关性的主营业务多元化实现产业转型，从传统制造商转型成为纯服务商，仅向客户提供纯服务性的解决方案。企业通过经营与原有体育产品制造无关的服务性业务，基本消除了其对制造实物产品的依赖，向客户提供的是无形服务，体现的是纯服务性的解决方案。这种类型的制造业服务化转型跨度较大，退出壁垒较高，风险也较大。完全去制造化的发展形式作为上下游产业链服务化发展形式的进一步发展模式，它要求体育用品企业在整条产业链上具备较强的竞争力，有能力将加工与制造等附加价值较低的环节分离或外包出去，牢牢占据产业链上游研发、设计环节及产业链下游的品牌管理、销售环节等高附加价值区域的优势地位。体育用品制造业企业通过该发展形式实现完全服务化，除了需要重塑其核心能力外，还需转变其战略、组织、生产及服务流程等诸多方面，因而面临着相对较大的风险。完全去制造化的门槛在上述4种制造业服务化发展形式中等级是最高的，通常需要体育用品企业在已经完成上下游产业链服务化的发展形式之后实施。

案例：一品嘉的云供应链协同平台——完全去制造化

福建一品嘉云创信息技术股份有限公司（以下简称一品嘉），是一家致力于全国体育用品行业领先的供应链管理服务商。该公司通过基于互联网的SCM供应链管理平台的研发、销售、租赁、实施和软件技术服务，为企业与供应链上的商务伙伴间进行业务协同提供各种功能支持，以帮助客户提高运作效率并降低运作成本。一品嘉自2013年9月成立至今，平台上已经吸引了5000家鞋服产业链上的企业入驻，入驻企业中80%是供应商，20%是品牌采购商。2016年，公司营业收入实现7844万元，较2015年增长879.62%。

一品嘉从产业供给端入手，为体育用品行业产业链上下游企业搭建用于企业间商业交易的创新性B2B平台——云供应链协同平台（图4-10），为客户提供纯服务性的解决方案。它是一种依托于先进的云计算、互联网和大数据网络等技术，以便各体育用品企业与供应商进行交流协商，在企业采购部门与指定供应商之间搭建起的采购业务平台。体育用品业的上下游企业可以在平台上发布采购信息，寻找合作伙伴，并进行价格磋商，实时获得订单生产及发货进度数据。首先，通过云供应链协同平台上发布的信息，入驻企业能够充分掌握关于供方绩效与采购方案的信息，解决了传统采购供应链运作方式中由生产业务信息不透明、物流配合的失位引起的频发性存货过剩问题。其次，利用该平台进行采购，提高体育用品制造业企业与上游供应商间的协作、运营效率。最后，还能解决由于低效、错误率高的人工对账和财务系统独立造成的供应商管理困难的问题。一品嘉的云供应链协同平台为合作企业提供物流、IT、金融等的一站式服务，使用科学的管理模式，重构原有产业链条，并且极大地降低了采购成本及企业间的沟通成本，有助于提高产业链上下游企业之间的协作、运营效率。为提升服务化的深度与广度，一品嘉还开发了鞋材直供商城、鞋服领域的云商城服务。在信息发布上，实时发布各类商品信息与采购需求信息，帮助企业对用户多需产品的快速定位，实现多品类定制化管理；在订单管理上，云商城有着友好的操作界面，其订单的建立、查询与跟踪等管理流程即点即应，用户可随时切换采供平台，实现双方信息的即时共享。

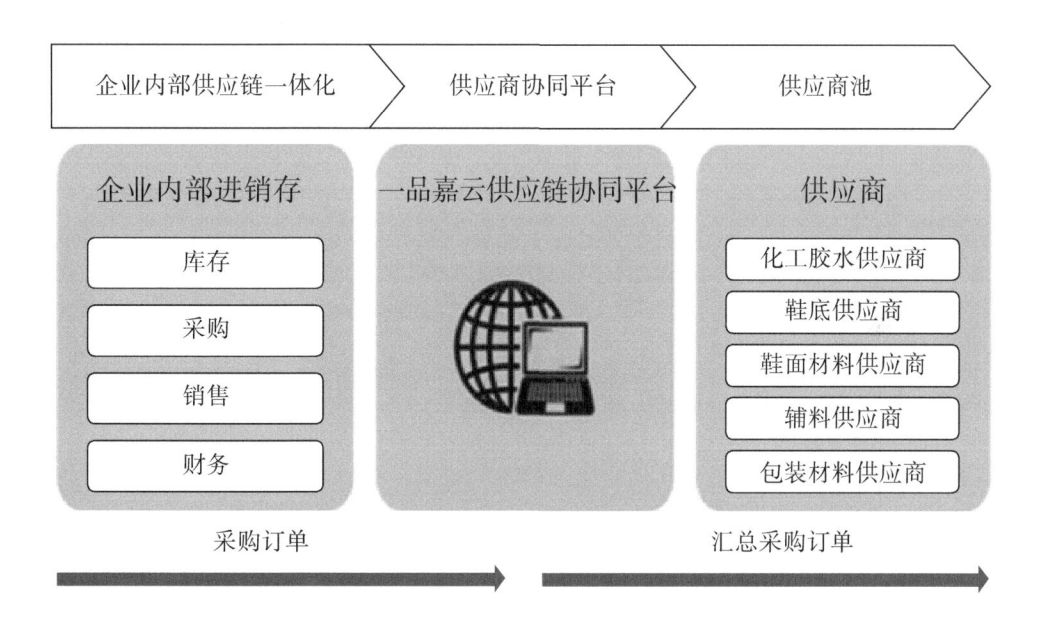

图4-10 多重供应商高效协同平台运行机制示意图

一品嘉自成立以来为很多体育用品企业提供了服务解决方案，如为中乔体育股份有限公司提供了供应链整体作业的解决方案，帮助其实现效率的优化，使中乔体育股份有限公司在短短7个月内便完成了与700多家供应商之间的信息化链接，能够与供应商即时共享采购流程的信息，减少了大约70%的流程成本，使准时批次同比上升14.3%，平均交货周期减少了整整5天，从而优化了整条供应链；一品嘉还帮助晋江成昌鞋业有限公司走出采购成本居高不下的困境。另外，通过后台数据匹配，一品嘉帮助福建兰峰制革有限公司精心筛选目标用户，实现其销售额的突破。

  一品嘉致力于为便利体育用品制造业的供应环节与销售环节研发先进平台，同时为企业提供以实时信息发布、一站式服务、精简化操作为主要内容的供应链整体作业解决方案。从而集其业务于上下游高附加值区域，成功将其角色定位为仅向客户提供纯服务性的解决方案的纯服务商，实现完全去制造化。同时，由于平台辐射的广泛性及客户锁定性，一品嘉通过云供应链平台能够为其获得大量高黏性的合作企业，并形成互利互惠的良性关系，在提供行业便利的同时获得良好的发展环境，推进其自身发展与合作体育用品制造业企业的服务化进程。

第五章
中国体育用品制造业服务化发展的推进路径

当前，我国体育用品制造业正处于服务化发展的初级阶段。体育用品制造业服务化转型发展是一个复杂而长期的过程，只有朝着专业化、协同化、集成化、智能化、精益化、定制化、网络化等多元趋势发展，坚持以推进"产品+服务""增值服务""整体解决方案"和"去制造化"等路径，才能有效促进体育用品制造业转型，向高质量发展迈进。

第一节　路径选择原则

为了使选择的具体路径能够促进体育用品制造业服务化转型，对于服务化具体路径的选择应遵循以下原则。

一、科学性原则

体育用品制造业服务化路径选择需要建立在理论分析的基础上，结合定性与定量分析的结果进行路径选择。同时，根据体育用品制造业服务化现状及前人对制造业服务化路径的研究，为体育用品制造业服务化具体路径选择提供科学依据。基于此，依据价值链理论、产业分工理论、供应链理论基础，对体育用品制造业的"产品+服务""增值服务""整体解决方案""去制造化"4种服务化路径的演进机理进行详细分析。

二、适合性原则

目前体育用品制造业处于价值链低端环节，存在企业规模小、品牌影响力低、地域分布不均衡、服务化水平低等问题。面对这些问题，体育用品制造业向价值链高端服务化环节转型能为其提供更好的发展空间，提高企业生产效率，增加产品的附加值，提升产品的科技含量。同时，国家政策导向、人民对美好生活的需求、体育赛事的蓬勃发展、顾客对体育用品多样化和个性化需求的增加，都进一步推动了体育用品制造业的服务化发展。然而，不同类型的制造业企业实施服务化存在差异，所要实施的服务化程度也不相同。因此，在服务化路径的选择上，体育用品制造业要依据其发展现状，选择适合体育用品制造业发展的服务化路径。

三、针对性原则

体育用品制造业服务化路径选择上要具有针对性，因为不同行业具有不同的服务化属性，不同行业所具备的特点也不相同，从而造就了体育用品制造业服务化路径选择上的不同。因此体育运动的特殊性，决定了体育用品制造业企业所生产的体育用品在使用功能和用途上与其他产品不同，体育运动的特殊性在于它的技术针对性。在体育运动中激烈的身体对抗是在所难免的，比赛中拳套的缓冲及身体直接或间接的接触，都会或多或少的对身体造成一定的伤害。高质量的体育用品和完善的售后服务能够为运动员起到较好的保护作用，以及为其提供更好的产品服务体验，来满足顾客的需求。所以体育用品制造业在服务化路径选择上，要依据体育运动的针对性进行服务化路径选择。

第二节 中国体育用品制造业服务化不同路径的演进机理

一、体育用品制造业"产品+服务"路径的演进机理

中国体育用品制造业向服务化转型升级，无论是面向企业的服务还是面向顾客的服务，在制造业企业方面，其主要的企业内行为表现是"产品+服务"

系统的实现和开展。中国体育用品制造业经过多年的发展，凭借优质的投资环境和劳动力等优势资源，建立起完善的上下游产业链，形成多种体育用品生产的产业集群，虽然疫情导致的国际市场下滑和国内政策、劳动力成本上涨等多种影响，但中国体育用品制造业仍是中国体育产业的重要组成部分。为满足顾客的多样化、个性化需求，提高自身竞争力，中国体育用品制造业在为顾客提供功能丰富、质量可靠、价格合理的产品时，还需要提供相应的服务，以求全面满足顾客需要，为顾客创造效用。

近年来，中国体育用品制造业生产的产品收益和获利空间越来越小，发达国家的制造业的创新发展旨在抢占制造业技术制高点和竞争新优势。而中国周边的越南、印度、印度尼西亚、柬埔寨、孟加拉国等东南亚国家利用土地、原材料和劳动力价格优势承接劳动密集型制造业转移，抢占制造业低端市场。因此，在科技创新、信息技术广泛渗透于制造业和服务业领域与新材料、新技术的不断涌现并及时应用于体育用品制造产品中，使体育用品的产品功能日趋丰富，增加复杂程度，产品使用、维护、升级和处理需要专门的知识，以及专业化的服务才能实现其最大价值。

在体育用品制造业服务化过程中，一般按照渐进的方式转变。体育用品制造业企业从家庭小作坊开始为顾客提供极低标准化下的单件、小批量产品生产，这种生产方式的目标客户主要以能付得起高价的少量客户为主，生产成本及服务成本极高。再逐渐到零件标准化和分工专业化的大批量生产，大规模生产主要为市场提供某一类标准化的商品，以生产效率为基础的短期比较优势获得企业的竞争取向，为顾客提供标准的、可靠的、质量具有一致性的产品，并逐渐提供产品的安装、维护使用和问题处理等附加服务。最后是顾客化生产模式，体育用品制造业企业主要根据顾客个性化和多样化需求，对目标客户进一步细分，通过定制化、柔性化生产为特征，向客户提供"产品+服务"的效用来满足顾客的需求，在整个过程中，体育用品制造业的服务化程度不断增强，其产品与服务紧密结合成一个集成系统，企业之间从产品的竞争优势逐渐向以产品服务为中心转移。

总体来说，中国体育用品制造业服务化在"产品+服务"路径的演化上包括以下两个方向：一是单一产品到面向产品的产品服务系统（Product Service System，PSS）转变。中国体育用品制造业要向服务化转型，首先要从以产品为中心的商业模式向以客户为中心的PSS模式转变。中国体育用品制造业由于国际化高端品牌不足，且中小微企业品牌少、代工多、低端过剩，创新能力不足、同质化竞争严重，导致市场上出现很多不同品牌、无品牌、仿冒品牌等具有相同功效的产品和替代品，使大多数体育用品制造业企业不得不通过价格战来获得微薄利润。而服务具有个性化、异质性特点，不易模仿，且客户方面也存在不同的服务需求。因此，体育用品制造业企业应及时摆脱产品同质化的激烈竞争，从产品的使用、维护、升级、修理、产品回收再利用、融资计划、培训和咨询等方面对这些服务单独定价，将体育产品的所有权转移给顾客的同时为顾客提供相应的服务，让顾客拥有体育产品的占有权、收益权。在这种"产品+服务"路径中既可提供给顾客更多选择的体育用品及服务项目，又可保证或最大限度提高顾客对体育用品的效用。二是面向产品的PSS到面向应用的PSS转变。对于一些大型的体育用品或高技术、高投资、使用具有时间性和地域性的体育产品领域，客户往往需要担负较高的资金成本，以及因采购新产品带来的风险。对于这些体育用品的生产者或产品提供商，可以通过出租、共享的方式提供给顾客产品的效用，但不完全转让产品的所有权。如四方游泳公司是集产品研发、生产销售、售后服务、产业投资、运营管理于一体的游泳场馆建设运营服务商，其集结了澜海四方、智慧四方、悦动四方、中永四方等在内的多家合伙企业，为各企业、公司、学校等提供智能装配式游泳馆全产业链。顾客租用或共享智能装配式游泳馆，在一定时期内对该产品拥有使用权、收益权及相关的支持服务，从而实现其效用，即从面向产品的PSS到面向应用的PSS转变。在这种"产品+服务"路径中，顾客不需要拥有"智能装配式游泳馆"产品的所有权，不需要担负产品后期的维护、处理等责任，可同时多个客户共享使用该产品，既提高了产品的使用效益，还可以有效规避因采购新产品或持有大量固定资产的风险。

二、体育用品制造业"增值服务"路径的演进机理

1985年，波特在《竞争优势》著作中提出价值链的理论，认为可以把企业创造价值的过程分解为一系列互不相同但又相互联系的增值活动，即包括研究开发、设计试制、原材料与设备采购、产品生产、运输、仓储、营销、服务等环节在内的一个完整的链状网络结构。中国体育用品同质化严重、产能过剩、利润下降严重，破解中国体育用品制造业发展困局成为企业的首要任务。随着经济全球化，技术进步促使体育用品制造业分工日渐细化，体育用品制造业价值链（研发、设计、制造、加工、销售、配送和售后维护）中增值环节越来越多，产品价格60%以上的增值发生在服务环节，只有不到40%的增值发生在制造加工过程中。据前瞻产业研究院估计，未来10年体育服务业存在着25倍的市场增长空间。基于产业经济学的"微笑曲线"理论可知，制造业的服务附加值远高于制造加工

环节，而体育用品制造业无论向着产业链上游的研发、设计还是下游的营销、品牌和售后服务延伸，都会获得更高的附加值，使中国体育用品制造业企业获得更高的利润。因此，中国体育用品制造业企业要向着价值链两端的高附加值环节拓展，以期获得更高的利润，实现体育用品制造业的"增值服务"。

如当前我国体育用品制造业服务化水平低，为消费者提供的服务仅停留在传统的售后服务上，仅有少许体育用品企业能够为消费者提供研发、设计、定制等高附加值服务。体育用品企业的经营范围能够展示出体育用品企业实施服务化的程度，一般体育用品企业经营范围包括研发、设计、定制、批发、零售、维修、安装及售后服务等，这些经营活动是产品供应商为获取差异化竞争为消费者提供的产品增值服务。在课题组所调查的体育用品制造业企业中，多数企业虽具备一定的研发、设计、营销服务能力，但它们在研发设计生产性服务上的投入较少，无法完全满足消费者需求，无法为消费者提供"增值服务"。格斗用品制造业企业发明专利情况如表5-1所示，体育用品制造业发明专利超过百项的仅山东泰山体育器材有限公司，其他几家发明专利与其相比都相对较少。同时，从表5-2中的体育用品制造业上市公司的服务投入情况来看，潍坊康瑞体育产业股份有限公司（销售和研发费用之和代表服务化投入）作为我国唯一一家专业生产格斗用品的上市公司，2016年和2017年服务投入分别占总投入的8%和18%，2018年研发投入占比为5.1%，服务化投入占总投入的比仅为21%。而国外耐克和阿迪达斯的研发投入占比却高于10%[1]。

表5-1 格斗用品制造业企业发明专利

企业名称	实用新型	外观设计
山东泰山体育器材有限公司	129	2
福建省伟志兴体育用品有限公司	47	16
石家庄市五龙体育器材有限公司	28	10
无锡威豪体育器材有限公司	29	8
潍坊康瑞体育产业股份有限公司	9	
泉州市顺源军教器材有限公司	2	4
泉州市富鑫运动器材有限公司	9	8
厦门中拳王运动器材有限公司	3	0

数据来源：国家知识产权局（2020年12月）。

---

[1]百度网. 2020年运动鞋市场竞争格局分析［EB/OL］.（2020-03-27）［2021-02-25］. http://baijiahao.baidu.com/s?id=1662287000748121982&wfr=spider&for=pc.

表5-2 潍坊康瑞体育产业股份有限公司投入服务化占比

时间	研发费用/万元	销售费用/万元	研发投入占比/%	服务投入占比/%
2016年	—	404.18	—	8
2017年	205.17	526.82	5.4	18
2018年	186.79	548.83	5.1	21

数据来源：2016—2018年康瑞体育企业年报（同花顺）。

在企业营销服务方面，许多体育用品制造业企业采用线上、线下的方式进行产品营销，但主要以线下营销为主。在产品营销方面，企业销售人员通过与客户建立起互信的关系，将企业的产品通过批发、零售的方式出售给需求端或通过竞标的形式获取订单。如一些格斗用品制造业企业通过天猫、淘宝、京东等电商平台途径进行线上产品销售。据不完全统计，被调查的5家格斗用品制造业线上网店数量为九日山12家、康瑞3家、五龙2家、AF1家、泰山0家。但从各企业线上开店的时间来看，这些企业进行线上营销的时间都比较短，主要以线下销售为主。在产品的售后服务上，一般企业仅为消费者提供运输、保修期内退换货、咨询等简单的售后服务，很少有企业采取上门维修、定期回访查验及旧物回收等售后服务。制造业服务化作为促进企业经济稳步增长的重要途径，能够有效推动企业转型升级，为企业经济持续增长增添动力。另外，企业研发设计、品牌营销等服务环节的增加值较高，向此环节延伸能够增加产品的附加价值，提高企业的经济收益，为企业带来高于制造环节的附加利润。长期以来，中国体育用品制造业与服务业被分离对待，但两个产业在其发展过程中并不完全相互独立，生产性服务作为一种重要的资源投入，可促进体育用品制造业的产业结构升级和向产业链高端转移，并从根本上改变中国体育用品制造业大而不强的尴尬局面。随着市场需求变化，客户对供应商的要求越来越高，不仅表现在对产品质量要求的提升，还对与产品相关的服务项目，如物流配送、维修维护、产品租赁等服务的期望越来越高。体育用品制造业通过向服务领域延伸，通过关注顾客的动态需求，在更大范围上提供全面服务，或者是"产品+服务"的结合，让顾客在购买体育用品时获得产品的全部附加服务和利益，如产品免费安装、调试及售后维修服务等，可增加原有产品的附加值，帮助顾客实现价值的最大化，提高体育用品制造业企业"增值服务"。

因此，中国体育用品制造业服务化在"增值服务"路径的演化机理是在实现对客户定制化需求快速响应的市场需求下，体育用品企业通过制造与服务的有机融合，把原有分散于供应链各节点的资源通过服务制造网络相互连接，并分工协作、相互配合，通过合理地控制产品制造成本，实现制造业企业价值创造，并向研发设计、品牌营销、售后服务等附加值较高的服务环节攀升。同时，关注顾客的动态需求，在更大范围上提供全面服务，或是"产品+服务"的结合，让顾客在购买体育用品时获得产品的全部附加服务和利益，帮助顾客实现"增值服务"，提高体育用品制造业企业收益。

三、体育用品制造业"整体解决方案"路径的演进机理

随着信息技术快速发展，中国体育用品制造业企业为适应时代发展，摆脱产品同质化困境，响应国家政策，已逐渐向附加值高的服务环节攀升。价值链两端服务环节作为体育用品制造业企业转型的方向，是体育用品制造业企业提升附加价值的重要途径，传统体育用品制造业的加工制造业务由于位于价值链的低端，所能产生的价值越来越少，难以适应时代发展的需求。而服务环节位于价值链的两端，其所产生的利润远大于中间环节，其中研发设计、品牌营销、售后服务等服务环节所附带的附加值较高，能够为体育用品制造业企业带来超过传统制造业本身所获取的利润，获取差异化竞争。体育用品制造业向价值链两端延伸，无论是向研发设计上游服务环节，还是向品牌营销下游服务环节，都能获得高于中间环节的价值。因此，体育用品制造业服务化转型过程由最初从事产品生产制造或代工生产，以销售有形产品获取价值，转变为集研发设计、生产制造、营销服务于一体的企业，以销售产品和简单的附加服务获取价值，到企业从产品生产制造转变为仅从事研发创新和营销服务的核心业务，以产品的功能和服务获取价值，并注重向价值链上下游服务环节延伸。企业以产品为导向，聚焦科技创新和整体化解决方案，通过加大研发设计上游环节的科研投入，增加产品的功能，提升产品的附加值，以顾客需求为导向，生产出能够满足客户个性化和定制化需求的产品。

中国体育用品制造业的产业竞争形态正在发生深刻变革，传统体育用品制造业向服务化发展转型升级是一种差异化的竞争战略。这种差异化的竞争战略是以客户为中心，结合客户的实际需求，联合供应链上下游的技术和资源，形成独特的产品生产能力和服务提供能力，共同为客户打造个性化和定制化的产品服务系统（即整体解决方案），完成向服务转型的目标。中国体育用品中大型装备制造产品所面临的不仅是单一产品的竞争，而是基于产品服务整合能力

的竞争。体育用品制造业企业能否为客户提供集成化、一体化、系统化的产品整合解决方案，以及能否为客户提供基于产品持续使用的功能维护，日益成为大型体育用品竞争的制高点。如格斗用品制造业企业从单一的产品生产销售出发，向程序化、规范化、自动化、集成化的整体解决方案转变。通过建立信息化、数字化系统对资源进行整合，在原材料的采购、生产制造、研发设计、仓储、销售及售后服务等格斗用品制造范围内，运用科研创新，完善售后服务，为用户提供咨询、维修、供应链管理等范围的整体解决方案。如山东泰山体育器材有限公司是一家专注于为大型体育赛事提供产品的供应商与服务商，公司努力实现生产过程的程序化、规范化、自动化、集成化，不断提高生产效率，保证产品质量，现已建立了完善的体育器材原料供应、生产、质量、技术、仓储、销售及售后服务为一体的数字化、信息化管理平台。一方面公司依托集团实力大力进行产品的研发设计，另一方面公司利用CD2S模式为用户提供全方位的服务。福建省伟志兴体育用品有限公司是集研发、生产、销售于一体的专业生产格斗用品制造业企业，企业以规范化的管理，始终秉承不断革新、注重产品研发设计的理念。通过加大科技创新上的投入，为用户提供产品咨询、安装、跟踪服务，致力于以严格的质量标准和优质的服务，为用户提供专业化、全方位的一站式服务。

  因此，体育用品制造业服务化在"整体解决方案"路径的演进机理如下。一方面，体育用品企业要通过构建面向全球的企业发展战略、产品技术升级及组织与商业模式创新等路径，在服务型制造的道路上迈出坚实的步伐。体育用品品牌企业可通过整合中小体育用品企业和服务性企业的技术、资金、人才等优势资源，围绕体育用品研发、设计、制造、组装、运营和维护等各产业链环节来加强自身能力建设或实施兼并重组，通过产业集群中各生产性企业与服务性企业协作，提供包括研发、设计、制造与集成服务等的整体解决方案，即"产品集成供应商"，以满足不同客户的多样化、个性化定制需求。另一方面，传统体育用品制造业可以向基于一体化解决方案的商业模式转型升级。一些具有核心技术的体育用品企业，可以依靠自身的技术优势，不断加强体育产品与解决方案创新，将附加值低、技术含量低、自身生产能力不足的零部件及非核心业务进行服务外包，加强核心制造与效用的服务，聚集于市场开拓和核心技术开发，不断扩大自身技术优势。通过为客户企业提供多样化、个性化定制的产品服务系统及多层次的服务，在不断提高客户满意度的同时，也给自身带来更多的利润空间。这种"整体解决方案"路径的演进机理主要通过提供单一产品的供应商转型为客户企业提供多样化、个性化定制的产品服务系统，以及多层次服务的系统解决方案商或系统运营服务商。

四、体育用品制造业"去制造化"路径的演进机理

在传统体育用品制造业生产过程中，顾客是相对独立于产品生产过程的，因而传统的体育用品制造业更加注重高质量产品的生产，忽略对顾客服务的需求。在体育用品制造业服务化发展的第一阶段，体育用品制造业要从注重产品生产阶段向"产品+服务包"阶段转型升级，制造业企业除了销售产品，还要向顾客提供相应的附加服务；第二阶段，体育用品制造业的营销中心要从产品向顾客转变，在企业价值创造方式上，要以为客户创造价值、实现客户价值最大化为体育用品企业的核心理念，关注顾客的实际需求，满足顾客的"产品+服务"需求，而不是提供产品，要引导客户积极参与价值共创，实现对客户的"增值服务"；第三阶段，体育用品企业为了实现企业和客户的共赢，企业要主动感知顾客的多样化、个性化需求，建立不同客户的服务体系，主动引入产品和服务设计、研发及制造的全过程。制造业企业和上下游伙伴要紧密合作，促使合作伙伴积极参与到产业分工协作活动中，逐渐形成资源最优化配置，创造面向客户个性需求的产品服务系统，即"整体解决方案"。

在体育用品制造业服务化的"整体解决方案"中，顾客作为产品服务系统价值创造的合作生产者，更为密切地参与到产品服务系统的价值创造过程中，而各类产品、技术、生产性服务供应商，也协同参与价值创造过程，共同形成网络化组织形式。使体育用品制造业企业在实现对客户定制化需求快速响应的同时，利用生产性服务企业之间的工艺分工协作的标准化和信息化，将产品拆分、细化为各企业的优势生产环节或细分模块，按照顾客的订单需求进行模块化生产，通过价值链上的分工、细化与深化，可以把传统体育用品制造环节进一步细分为更多、更精确定义的标准化制造工艺或服务业务，再通过严密的网络程序，测算出大批量个性化生产每个节点应安排的工作量，每道制造工序的时间等。将产品技术标准进行优化组合与协作，能合理地控制产品制造成本，使企业快速响应顾客的多样化、个性化需求，极大提升了客户满意度。

在体育用品制造业服务化的第四阶段，体育用品企业脱离（或外包）原有全部生产制造业务，走"去制造化"的路径。这是企业摆脱原有的全部生产制造业务，在服务方面进行投入，转型成为在品牌、渠道、物流运输、客户管理等方面具有竞争优势的服务型制造业企业，为其他相关企业提供研发技术服务，减弱降价竞争的攻击性，在同行间营造出合作共赢的氛围，为其他相关企

业和客户提供全套专业服务，避免了产品同质化的激烈竞争，从而获取盈利手段和竞争优势。但是，这种转型变革的风险大，只适合体育用品制造业中的龙头企业或原有服务功能较成熟的核心企业。

体育用品制造业走"去制造化"的服务化路径中，传统体育用品制造业中的品牌企业可以向平台化公司转型，为其他中小型企业提供研发、设计、网站设计、网络营销及生产性服务，实现完全去制造化的服务化路径。在这种模式下，大型企业的平台化实现了轻资产运营，它可以不直接拥有生产产品的工厂和设备，以及服务性生产的人力资源和物质资源，但通过其和制造商、服务提供商、服务流程、生产过程、机器设备、原材料及零部件等资源所建立起来的广泛互联、实时感知、智能决策及远程控制系统，使平台化公司可以按照每一个客户的个性化需求，自发地实现对分散化资源的智能配置、调度和生产运营控制，从而为客户提供一个高效、透明、低成本的运营平台。一些体育用品大型企业也可依托长期积淀的科研技术、营销渠道及供应商、客户、合作伙伴、员工、资金等资源，把中小型体育用品企业连接在一起，通过打通中小型体育用品企业的产品服务系统及生产运营的全过程链条，将自身优势资源与企业对接整合，形成产业生态系统，实现中小型体育用品企业间的资源互动与机制创新，实现平台的良性发展。

第六章
中国体育用品制造业服务化路径探索与面临的挑战

近年来，随着我国劳动力、土地、原材料等生产要素成本的上升，以及日益激烈的市场竞争和多样化的消费需求，使处于全球价值链中低端的体育用品制造业逐渐失去了竞争优势，中国体育用品制造业转型升级和跨越发展的任务紧迫而艰巨。以服务化发展实现产业转型升级成为制造业健康、可持续发展的重要趋势。体育用品制造业作为我国制造业的重要组成部分，服务化发展也成为众多体育用品制造业企业转型升级的重要途径，企业旨在通过服务化发展实现转型升级，推动产业向价值链高端转移。

第一节 中国体育用品制造业服务化的路径探索与实践

一、体育用品制造业与服务业融合发展的路径探索与实践

推进制造业与服务业融合发展，打造价值链高端环节，加快由"中国制造"向"中国创造""中国智造"转变，是"十三五"时期，体育用品制造业服务化转型目标（图6-1）。实现上述目标，必须明确体育用品制造业供给侧结构改革的方向和重点是将资源要素从产能过剩的、增长空间有限的体育用品低端制造环节中释放出来，为提供中高端消费服务的服务型制造输送更多的劳

动力、资金和技术，推动体育用品制造业企业从主要提供产品向同时提供产品和服务转变，加快从生产加工向材料供应、研发设计、品牌建设、管理服务、营销推广等环节延伸，形成体育用品制造与服务相互支撑、相互促进的发展格局，推动体育用品业加快由"中国制造"向"中国创造""中国智造"转变积累经验，提供典范。

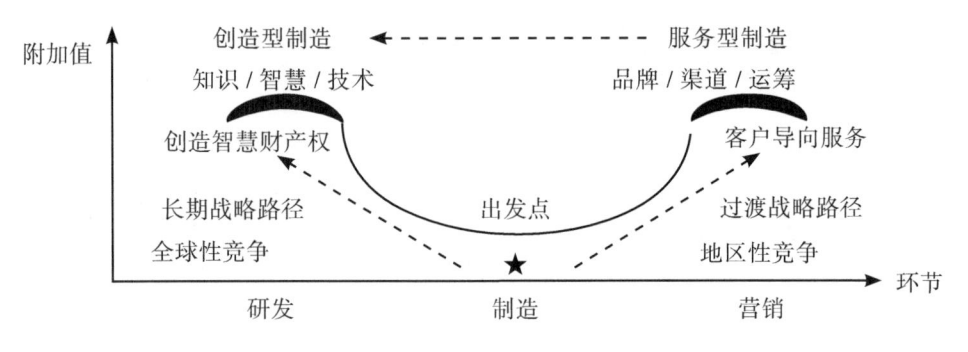

图6-1 体育用品制造业服务化转型目标

（一）价值链后端延展，向"产品服务化路线"转型的路径探索与实践

1. 优势体育产品＋体验服务的路径探索与实践

这类制造业企业主要是沿着价值链向后端延展，充分挖掘客户深层次的潜在需求，为客户提供良好的体验服务，提高客户的满意度，进而提升客户的忠诚度，使服务成为企业与客户紧密关系的桥梁。如剑桥鞋服有限公司在2015年通过在全国所有门店中评选十大明星店铺活动引领终端崛起，从门店的装修、货品陈列、营业员服务等方面提升顾客良好的购物体验，使消费者逐步积累起对剑桥品牌的整体认同。福建石狮市赛琪体育用品有限公司在顾客购买产品后可以根据顾客的爱好和要求免费烫印各种LOGO增值服务，提升顾客对产品的满意度。根据不同省的销售情况，启动单省区域订货会，并进行专业模特走秀，通过视觉、听觉、触觉将产品完美展现，提升客户对产品的服务体验。安踏体育在2016年对全国3000余名终端店长进行培训认证，从服务意识、运营管

理、创新意识方面提供具有特色的"产品+服务"的实践探索。

2. 赛事延展+体验服务的路径探索与实践

近年来,随着健身活动的持续开展,人们走路要计步,健身要打卡,健身热带火健身装备市场,各类高端跑鞋、运动服装、运动手环、智能腕表等智能穿戴产品供不应求。对此市场的变化,体育用品制造业快速做出反应,从举办各类赛事切入体育健身市场,延展产品的体验服务,增加产品的精准投放,提高有效供给。如福建天翔体育发展有限公司在2015年接连承办了泰宁、武夷山、福州3个马拉松赛事,加强大数据收集工作,分析运动发烧友、中间参与者、入门级族群等各层级消费者的消费特点,精准投放产品,满足不同人群的不同需求,为广大马拉松爱好者提供产品体验服务,增加产品的有效供给。

(二)价值链前端延展,向"智能制造"转型的路径探索与实践

当前,智能化、"互联网+"、大数据应用已经成为体育用品制造业企业获取产品差异化的有效途径,智能化成为体育用品制造业发展的主流。在健身市场,舒华、好家庭等行业领军企业都在产品智能化方面有所突破,"体育制造"正向"制造+服务"发展;在网球、羽毛球市场,凯胜等企业推出了智能羽毛球拍以应对更激烈的行业竞争;在运动休闲领域,双驰推出了智能足球鞋。可见智能制造正全方位渗透到体育用品制造行业中,并为企业带来技术升级,提升企业核心竞争力(图6-2)。

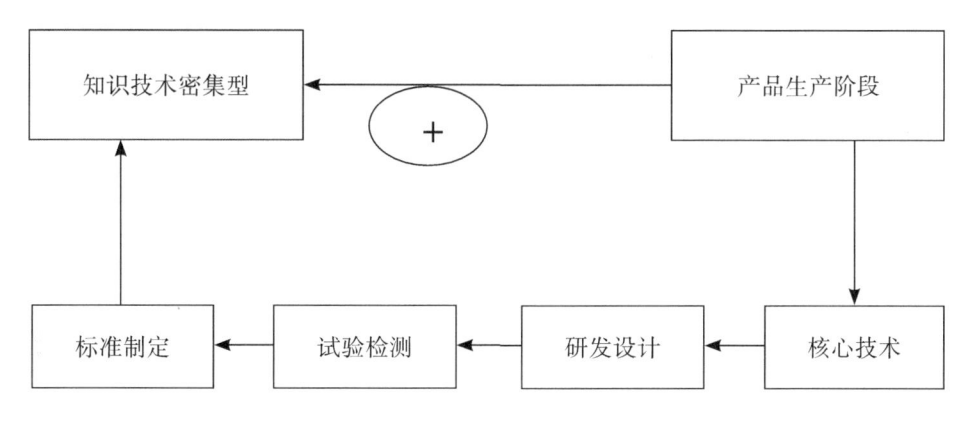

图6-2 知识技术密集型高端服务路线

1. 瞄准新材料，深耕差异化产品的路径探索与实践

新材料与生产生活息息相关。近年来，我国积极支持企业自主创新，促进新材料产业的加速发展。如福建华峰集团注重研发创新，瞄准鞋材新材料领域，采用新潮的3D打印技术和"鞋面一体成型工艺"，生产的绿色高端鞋服面料鞋面看不到任何胶水粘合、针车缝合痕迹、一次成型、节能环保领跑世界鞋材，受到客户的青睐。华峰集团打造的优质差异化产品成为国内唯一同时获得世界三大著名运动品牌耐克、阿迪达斯、New Balance认证的面料供应商。国内著名运动时尚品牌特步，以创新技术提升穿戴体验为目标，创新"体育+科技"的新模式，将陶氏聚氨酯材料运用到鞋垫上，携手陶氏提供的VORALAST-聚氨酯记忆材料技术推出智能跑鞋产品，打造高端差异化运动鞋产品，满足消费者日益高涨的需求，不断占领市场份额，扩大品牌优势。

2. 开发新技术促进产品迭代升级，增加有效需求的路径探索与实践

产品研发技术的突破，可以拓展品牌的发展空间，率先满足消费者需求，增加有效供给。数据统计显示，安踏体育集团研发投入从2015年的3.08亿元人民币上升到2020年的8.71亿元人民币。2021年，安踏体育在营收方面超越阿迪达斯，在中国市场内，仅有耐克排在安踏体育前面。安踏体育集团的强势发展，科技类创新产品成为其新的增长动力，如最新研发的双承科技、适足科技、A-Form足弓科技、户外灵爪科技、远红外保暖科技、冰肤三代科技、运动能量科技、五驱掌控科技、"芯科技"等都有良好的市场表现。目前，创新产品在安踏体育整体销售中占比为30%，利润占比为50%。匹克也强调以产品技术专业化升级来推动销售的提升，2015年，匹克为霍华德、帕克等球星订制专业篮球鞋赢得了市场好评，其虽然价格比匹克普通款球鞋贵，但销量仍一路飙升。借鉴篮球鞋的成功推广经验，匹克在跑步类产品的研发上推出了箭羽1.1、天行者、S-PAD、悦跑三代、律动五款跑鞋新品，全面覆盖从专业运动员到轻便使用者的不同需求。特步集团在鞋履方面，除了"动力巢""减震旋"及"气能环"跑步系列外，还开发了"柔软垫""芳香科技""仙护盾"及"特步冰爽科技"等技术；在服装方面，开发了"X-S.E.T.特步运动弹性科技""冰纤科技""酷干科技"等新技术来促进产品迭代升级，提高生产效率，增加产品附加值，拓展品牌的发展空间，率先满足消费者需求，增加有效供给。

（三）价值链两端延展，向"产品服务一体化"转型的路径探索与实践

目前，信息传输、计算机服务、软件研发、商务服务、工业设计、科学研究、技术服务等代表了现代生产性服务的发展方向，信息服务业将为体育用品制造业提供设计软件、智能化装备中控制芯片的嵌入软件、自动化生产过程的整体解决方案等生产性服务；设计服务业将为体育用品制造业提供产品与设备的设计服务；商务服务业将为体育用品制造业提供市场调查、客户关系维护、供应链管理等生产性服务。所以，体育用品生产型制造向服务型制造转变，应保留核心的生产制造业务，向制造业务的前端产品研发、供应链管理和后端品牌营销、售后服务等方面同时拓展，强调技术创新的同时对生产性服务业资源进行整合，走"产品服务一体化路线"的实践探索（图6-3）。

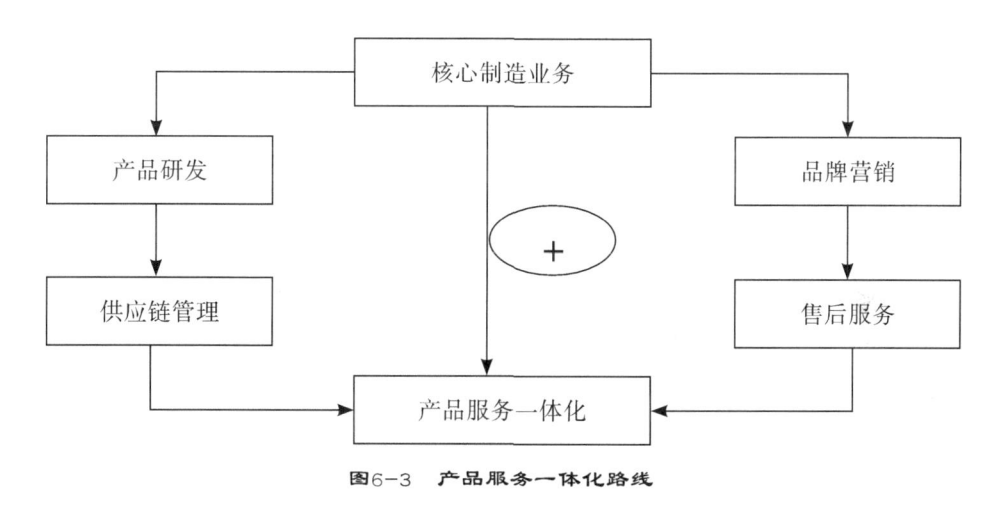

图6-3 产品服务一体化路线

1. 扩大有效供给，提高供给结构适应性和灵活性的路径探索与实践

奥运会向来是商家必争之地，根据奥运会的不同营销结构元素，为消费者提供优质专业的奥运主题商品，以全新的购物体验方式扩大有效供给。如安踏体育与全球最大的电子商务平台天猫进行联合，开启奥运电商营销新模式，里约奥运会中国代表团领奖装备——冠军龙服采用安踏体育研发的最新科技点贴创新性技术和特殊的拒水工艺倾心打造。奥运期间，安踏体育专门打造一批话题性商品在天猫平台独家发售，通过网友们线上热议这些话题达到品牌传播和

商品销售的双重效果，线下安踏体育还推出了一系列奥运主题和奥运元素的专属产品，全方位满足不同运动人群的消费需求。安踏体育在强调冠军龙服技术创新的同时整合天猫电子商务平台，在奥运期间为线上线下的消费者提供全方位的品牌营销服务，扩大有效供给。

2. 延伸产业链，推动产品和服务有效集成的路径探索与实践

通过研发技术创新，提升产品功能，拓展营销策略，推动制造业业态创新。如2006年，361°集团在提升产品功能、舒适及设计等方面取得包括Engulf技术、lockArch技术及Windproof技术等12项专利，在强调技术创新的同时积极进行产品和服务的整合。2005年与百度合作，共同推出智能童鞋产品，除了引入百度鹰眼技术，配合百度地图LBS平台开放服务，361°智能童鞋还将百度轨迹监测与百度大资料结合，可时刻监测孩子的身体状况。借助火炬传递，361°打响本轮里约奥运体育服装营销第一枪，采取赞助大型体育赛事、与大型国营媒体展开战略性合作，并聘请知名运动员为集团产品的代言人进行品牌推广，通过产品和服务的有效集成，延伸其产业链，推动体育用品制造业业态创新。

（四）去制造业化，向"服务产品化"转型的路径探索与实践

传统体育用品制造业企业摆脱原有的生产制造业务，在服务方面加强投入，转型成为在品牌、渠道、物流运输、客户管理等方面具有竞争优势的服务型企业，为其他相关企业和客户提供全套专业服务，从而获得竞争优势（图6-4）。但是，这种转型变革的风险大，一般适合行业龙头企业或原有服务功能较成熟的核心企业。

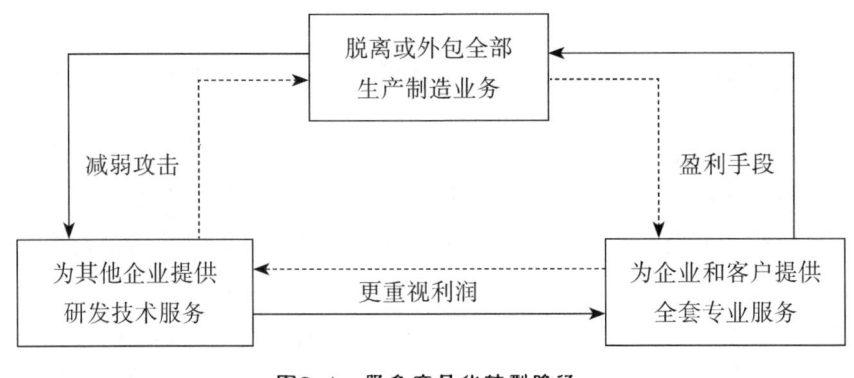

图6-4 服务产品化转型路径

1. 外包原有生产制造业务，提升产品供给精准度的路径探索与实践

龙头企业通过内部变革及资源整合，专注服务产品化路线，提升行业竞争及驾驭能力，转化企业新的经济增长点。如双驰儿童智能鞋是自2015年为止唯一获得中国设计"红星奖"的智能鞋，2016年又获得"设计界奥斯卡"之称的红点设计概念奖（Best of the Best）。双驰智能鞋孵化平台利用智能鞋核心领先技术专注服务产品化路线，为其他相关企业提供研发技术服务、品牌共建服务、智能鞋生产与设计资源服务、行业数据共享服务、全行业分销服务，全面整合企业内部品质、生产、研发、物流能力，构建与客户、供应商之间的共赢平台，提升行业竞争及驾驭能力，转化企业新的经济增长点，提升体育用品供给精准度，避免产品同质化的激烈竞争，实现高效供给。

2. 品牌精准定位，走差异化营销的路径探索与实践

企业在细分市场中要对目标消费群体进行分析，实施品牌精准定位，强化对品牌的差异化营销。如里约奥运会营销中各品牌根据目标市场定位的差异，赞助手法也不同，匹克签约12个国家奥运代表团采用的是"群狼战术"；361°亮相的是奥运会合作伙伴的官方背景；安踏体育则主打的是中国国家队代表团的牌。另外，特步采用娱乐明星代言，走创意、时尚、个性化品牌文化营销战略，鸿星尔克品牌精准定位网球运动赛事合作营销战略，匹克一直秉行高质量的品牌营销战略。将品牌定位在特定的项目与人群之上，形成不同品牌差异化营销，提高消费者对品牌的认知度和建立品牌阶梯效应，做好做强"产品+服务"的品牌战略，以提质增效为中心，打造制造业质量品牌发展新优势，在提升区域品牌影响力和市场占有率的同时带动区域品牌集聚效应，形成一批可复制、可推广的品牌创新发展经验。

二、体育用品制造业服务化业务多样性的路径探索与实践

目前，我国体育用品制造业尚处于服务化转型的初级阶段。制造业服务化的出发点一般基于产品效能与交易便捷的提升，随着人们对产品多样化需求转变，体育用品企业基于"产品+服务"的方式逐步向对客户需求的服务方式转变，通过挖掘客户的潜在需求，利用强大的服务体系，向客户提供解决关键问题的方案，提高企业竞争力，为客户创造更多的价值。体育用品制

造业转型是一个复杂而长期的过程，发展服务型制造路径总体方向正朝着专业化、协同化、集成化、智能化、精益化、定制化、网络化等多元化趋势发展[1]。

（一）专业社会化服务平台建设的路径探索与实践

专业社会化服务平台是承接和实施专业化服务的载体，有助于推动政务、商务、金融、研发、制造等机构的集中入驻。为了解决当前体育用品制造业企业供应链面临的问题与挑战，数字化供应链服务平台应运而生，成为体育用品制造业专业社会化服务平台的重要组成部分。数字化供应链是通过供应链上的各组织信息高度集成后，充分利用大数据分析逆向反馈，以客户需求为导向，并进行自动化反应的供应链网络新形态。数字化供应链的发展以物联网、大数据、区块链、人工智能等技术的成熟与应用为依托。物联网在感知端的大规模应用会产生大量非传统意义的数据（大数据），这些激增的数据视角下往往潜藏了消费者的真实需求，通过大数据分析挖掘供应链逆向反馈的潜力并提高其可视性与敏捷度，同时运用人工智能对供应链上各组织进行自动化调节，确保生产的时效性。总而言之，数字化供应链是企业融合、柔性、高效生产的基础，是未来供应链转型的必然方向。其中以一品嘉的外部整合与内部共享的供应链探索、安踏体育大数据赋能需求精准导向型供应链的探索及特步建设自动化供应链体系的探索最具代表性。

以安踏体育为例，数字化供应链要求企业生产以"产能导向"转变为"需求导向"，这需要企业基于大数据技术建设需求精准导向型供应链。需求精准导向型供应链是指企业利用技术收集并分析获得商业数据，逆向反应消费者需求和市场的快速变化，以此为依据进行产品定位与设计、需求预测及实时预警等。需求精准导向型供应链要求企业改变以往产能驱动的粗放"B2C"供应链运营模式，强调推拉结合、以终为始的"C2B2C"精细供应链模式（图6-5），提高客户满意度。为了准确预测消费者快速变换的需求偏好，建立需求精准导向型供应链，以安踏体育为代表的晋江鞋服企业借助物联网、大数据等技术积极探索，不断丰富实践经验。

---

[1] 李燕. 我国服务型制造发展的路径分析[J]. 机器人产业，2015（4）：64-69.

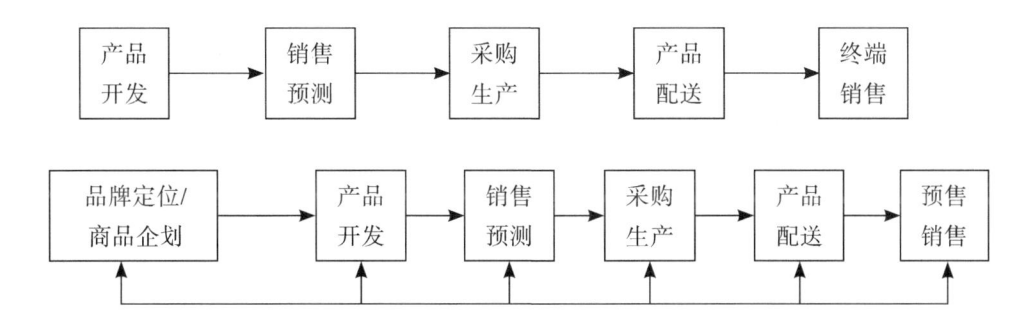

```
产品        销售        采购        产品        终端
开发   →    预测   →   生产   →   配送   →   销售

品牌定位/       产品       销售       采购       产品       预售
商品企划  →   开发  →   预测  →   生产  →   配送  →   销售
```

图6-5 粗放"B2C"供应模式与精细"C2B2C"供应链模式

安踏体育于1991年在福建省晋江市成立，经过20多年的发展，已成为国内体育用品行业的领军者。2013年，我国体育用品制造行业触底，安踏体育审时度势，实施品牌零售转型战略，率先走出行业低谷。2021年上半年，安踏体育以营收228.1亿元、净利润38.4亿元稳居国内体育用品制造业企业榜首。如今在新零售背景下，安踏体育依旧秉持"永不止步"理念，积极探索建立需求精准导向型供应链，拥抱数字化，在数字化供应链升级的道路上不断前行。

在顾客需求洞察方面，安踏体育利用智慧门店、用户数据刻画等多种手段，在消费环节收集顾客行为数据。目前，安踏体育已在武汉市、福州市、天津市3座城市落户3家智慧门店，通过安踏优mall、云货架、压杆互动屏、仪器测鞋区等技术实现对顾客移动轨迹、产品拿及率、产品试穿与购买比率、产品冷热区等多个角度的数据收集；此外，安踏体育打通线上线下及各种软件的用户数据交互渠道，用于用户精准刻画，其个性化推荐及个性化定制服务将极大程度提高用户忠诚度，在增强老顾客黏性的同时吸引品牌潜在客户。通过大数据团队的监控及分析，企业发现中国市场情况独特，消费者对运动休闲时装的喜好程度增加，而且对于功能化、差异化、高端化体育产品的需求变强，同时对运动鞋服的设计到研发、生产至配送提出了较高的要求。在大数据反馈方面，企业建立了专门的大数据监控团队，分析企业资源规划系统所收集的数据，通过海量数据反映出的市场真实需求进一步返回供应链下游，下游企业根据反馈信息及时调整采购、生产与库存计划，进一步为上游零售商提供精确的未来订货指引及补单预测。

在消费者需求满足方面，安踏在晋江市建立了智能型、科技型、现代化物流中心及智能工厂两大数据集成化处理中心的一体化产业园。产业园配合升级后的ERP实时数据采集及分析程序，企业准确检测零售商表现，辨识消费者的喜好及需求，以最快的速度推出受消费者欢迎的产品；同时受惠于优质的OEM的支持，企业的内部生产设施具备弹性，可通过迅速兼具成本效益的方式高效并灵活的满足突如其来的需求。一体化产业园整合了公司所有的物流平台，并通过CRM信息系统流转使每个门店与总仓产生直接关联，大数据中心能够实现对单品、单店甚至单个城市的物流数据掌控，送货时间将由过往的平均1个多月时间大幅缩减至最快48小时。此外，安踏还推出了一系列的定制服务，逐渐压缩产品期货占比，如发布的ANTAUNI定制跑鞋，让消费者自主定制心仪跑鞋，开启了安踏努力为客户度身打造体验，以及应用大数据支援线上及线下销售的新篇章。随着消费者在电商平台的深度参与，电子商贸作为供应链上分销环节的重要渠道，在消费者购物体验与互动中扮演了重要的角色。基于用户网络浏览数据的支持，安踏面向客户逐渐实现针对个人的网店页面、产品介绍和展示，提升产品排列和搜寻的功能。

通过对消费者需求洞察的优化及需求满足能力的提高，安踏体育旨在建立需求精准导向型供应链体系，在市场快速变化的背景下先一步反应需求变化并迅速应对，以此提高品牌效益，迈向高质量发展道路。

（二）协同制造与创新服务的路径探索与实践

协同制造与创新服务路径主要指体育用品企业间形成协同制造联盟或网络化分工协作中心，在企业协同制造联盟内通过产业链各环节优势制造企业集聚，实现制造资源优化配置，通过企业间更紧密的专业化、精细化分工协作来完成客户的多样化需求，以更低价格、更快反应流程赢得市场竞争。其优点是协同制造联盟内每一个体育用品企业主体都可以成为协作任务的发起者，来组织和协同其他制造业企业或服务性企业，负责任务的生产与交付，实现资源配置的最大优化，降低交易成本。通常适用于产业集聚内具有低成本生产优势、独特的加工技术和强大生产效率的体育用品企业或服务性企业。

如晋江通泰贸易有限公司是一家专门为制鞋企业提供自动化设备解决方案的专业服务商，成立自己的IE部门，投入大量的人力、物力搜寻市场上最新设备，并把搜集到的市场信息、新动态主动分享给产品开发商，资源共享、共同开发研究客户需求的产品，为产业链上下游企业提供一个公开、透明、品质有保证的配件品类和设备采购平台，以更低价格、更快反应流程赢得市场竞争[1]。因此，体育用品企业要积极借助互联网、大数据等新一代信息技术平台发布技术需求、提交技术方案，寻求合作，形成企业间协同制造联盟或网络化分工协作中心，实现制造资源优化配置，也可以借助品牌公司创建的孵化创新服务平台，结合自身的生产制造能力的优势，快速实现创新成果孵化，还可以与研发机构、技术服务企业、高等院校建立协同创新联盟，实现产业链全链条服务创新（图6-6）。

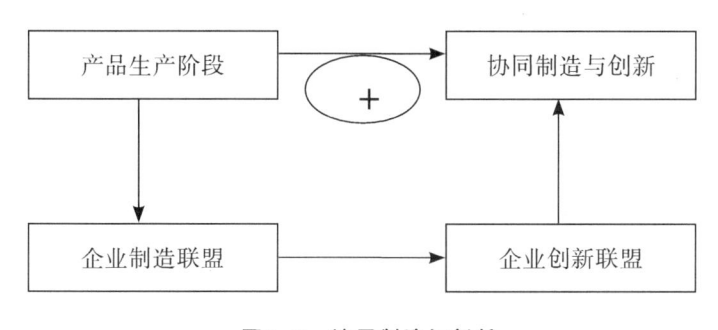

图6-6 协同制造与创新

（三）"互联网+"智能服务定制化的路径探索与实践

"互联网+"智能服务的定制化路径主要指"互联网+"、大数据等信息技术可以为体育用品企业搭建顾客需求信息平台，有效获取客户需求信息和集聚客户群体，向大规模定制和高端定制方向转型。其优点是可以提升体育用品供给精准度，基于"互联网+"智能服务，针对客户异质性需求，按需定制，实施高效精准营销服务，避免产品的同质化，为企业赢得更高的产品价格和利润。通常适用于既具有制造成本和质量优势，又具有强大研发、设计能力的体育用品企业，这类企业一般是大规模的多元化集团公司或品牌公司。

如2016年，基于消费群体年轻化及需求差异化趋势，安踏体育在互联网平台上推出名为"ANTAUNI"的个性化产品定制服务，消费者可将自己的时尚态度和个性通过参与设计融入产品中，不仅可以强化消费者与产品的互动，还能满足消费者个性化的需求[2]。因此，随着市场需求向个性化、差异化、体验化

---

[1] 环球鞋网. 当"互联网+"席卷中国鞋机界，通泰商城遇见了什么？[EB/OL].（2017-05-18）[2020-03-27]. http://www.sohu.com/a/141540569_196488.

[2] 网易. 安踏推出定制业务"ANTAUNI"正式上线[EB/OL].（2017-05-10）[2020-03-27]. https://www.163.com/news/article/CEGSOQH700018AOP.html

转变，体育用品企业可根据客户需求，为客户提供更适宜的个性化产品，或在互联网定制平台上，提供用户需求普遍的基础模块和可变模块，供客户自由选配、组合定制，也可根据客户提出的全新需求或创意，支付一定的预定金后下单设计，并进入生产阶段。通过改进技术和定制模式，可减少企业库存压力，满足高端客户的需求和体验，获取更高价格，赢得新的市场（图6-7）。

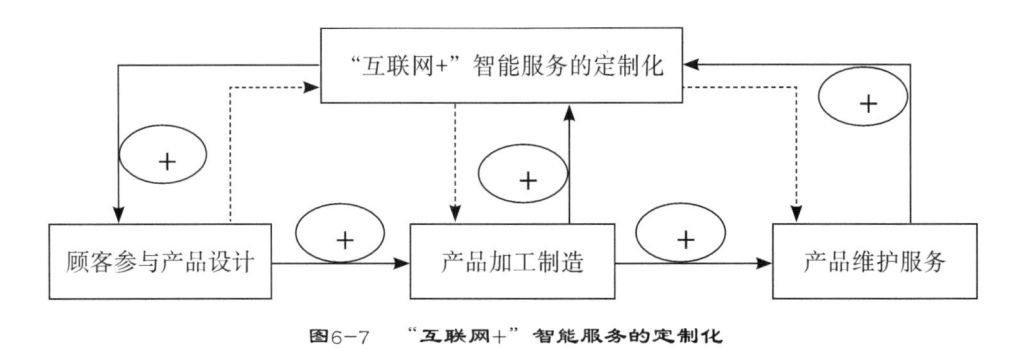

图6-7 "互联网+"智能服务的定制化

（四）整体解决方案服务的路径探索与实践

整体解决方案服务路径主要指体育用品企业面向顾客需求，集成了前期市场信息、原料采购、产品研发设计、加工生产、供应链管理和后期产品营销、物流配送、售后服务等方面的全流程解决方案，提供的一揽子服务体系[1]。其优点是集成了体育用品企业内部和外部的服务资源，以企业价值链延伸为重点，既能提升企业的综合集成与服务能力，又能降低服务产品的开发成本和外部交易成本，具有较高的服务效率和规模经济性。通常适用于具有一定研发设计能力和技术水平的生产厂商（ODM企业）或一般的大型体育企业集团。

如一品嘉云创信息技术股份有限公司从中国"专精特新"中小企业向整体解决方案服务商转型升级。2013年至2016年，一品嘉云供应链商城为5000多家鞋服行业上下游企业提供发布采购信息、价格磋商、跟踪订单生产进度及发货、评估供方绩效、分析采购策略、获取合作伙伴等整体解决方案服务。2016年，一品嘉公司营业收入实现7844万元，较2015年同期增长879.62%[2]。因

---

[1] 国家制造强国建设战略咨询委员会，中国工程院战略咨询中心. 服务型制造［M］. 北京：电子工业出版社，2016.

[2] 李碧珍，李晴川，程轩宇，等. 价值链视域下体育用品制造业服务化转型路径及其实践探索——以中国为例［J］. 福建师范大学学报（哲学社会科学版），2017（5）：16-27.

此，体育用品企业可以依托其原有的核心制造业务，根据客户的生产环境、产品工艺、包装形式、物流采购等提供包括此产品在内的一整套解决方案，全方位实现资源合理配置，提高产品全生命周期的效率和效益，优化供应链管理及资金流、物流、服务流和信息流管理，为其他企业设计供应运作模式，加快企业生产订单的快速反应，缩短工作流程，提高运作效率和市场反应能力，为顾客提供整体解决方案服务（图6-8）。

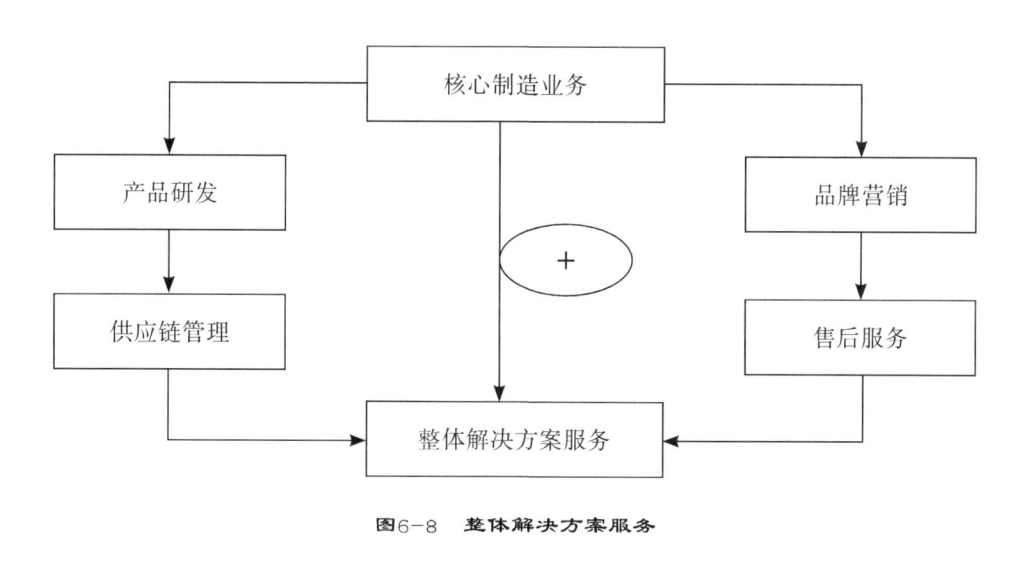

图6-8 整体解决方案服务

第二节 中国体育用品制造业服务化面临的挑战

在体育用品制造业日趋激烈的市场竞争中，中国在体育用品制造业服务化转型过程中由于在资金、人才、产业生态圈等方面存在许多亟待解决的难题，以及存在对发展服务型制造的规律认识不清、服务型制造作用于企业效益认识不足、体育用品企业发展服务型制造服务能力不足等困境，导致体育用品企业向服务型制造转型产生的潜在收益与企业投入的风险无法评估，出现企业服务化转型意愿不高等现象。

一、两极分化格局突出、资金缺乏

体育用品制造业作为我国体育产业的重要组成部分，虽然当前发展态势较好，但同行业内部两极分化发展的现象在近几年愈演愈烈。课题组以福建晋江国家体育产业基地为例，通过调研发现，虽然该地区体育用品制造业发展水平位居全国前列，但两极分化十分明显，经营很好的企业（产值增幅大于20%）约占30%，运营比较理想（产值增幅在0~20%）的约占40%，运营困难的企业（产值降幅在0~30%）约占20%，面临倒闭或成为"僵尸"的企业（产值降幅大于30%）约占10%。近年来，在经济增速换挡和制造业转型的压力下，晋江市体育用品制造业企业受生产成本高、劳动力缺乏、企业之间同质化竞争等因素影响，其经济效益呈现滑坡趋势，由此给企业转型升级带来不少现实困难和压力。企业转型升级是一个较为漫长的过程，资金是转型升级的保证，资金将直接决定转型升级是否成功，也将影响转型升级的速度。在调研中发现，半数以上企业认为资金制约了企业的转型升级，这当中多数为小微企业，资金是体育用品制造业服务化转型的必要条件，资金的缺乏在一定程度上制约了转型的进展。

二、研发能力薄弱、创新能力不足

科技创新是体育制造业企业为消费者提供更好服务的内在动力，在研发技术方面，由于缺乏核心关键技术，企业缺乏提供差异化、个性化集成服务的技术支撑，因此难以提供具有创新性、独特性的产品和服务。根据国际制造业的经验，因此通常情况下产品研发投入经费占销售收入比例5%~10%的企业才具有竞争力[1]。课题组通过对在深圳市、上海市两市上市的主营业务为体育用品制造且主营业务收入占比超过50%的12家企业进行数据收集整理（图6-9）。从图6-9可以发现，研发投入占比最高的企业为从事健身器材开发、制造的英派斯，研发投入占比为8.14%；其次是从事全地形车、摩托车、游艇及后市场用品研发、生产和销售的春风动力，研发投入占比为5.22%；其余企业研发投入占比均低于5%；12家体育用品上市公司的研发投入占营业收入比例的平均值为3.70%。上述数据与国际制造业5%~10%的研发比例还有一定的差距，说明我国体育用品制造业还需要加大对科技研发的投入力度，提升研发能力。

---

[1] 吴建堂. "中国制造2025"战略背景下的体育用品制造业发展路径研究[J]. 体育与科学，2016，37（5）：55-61.

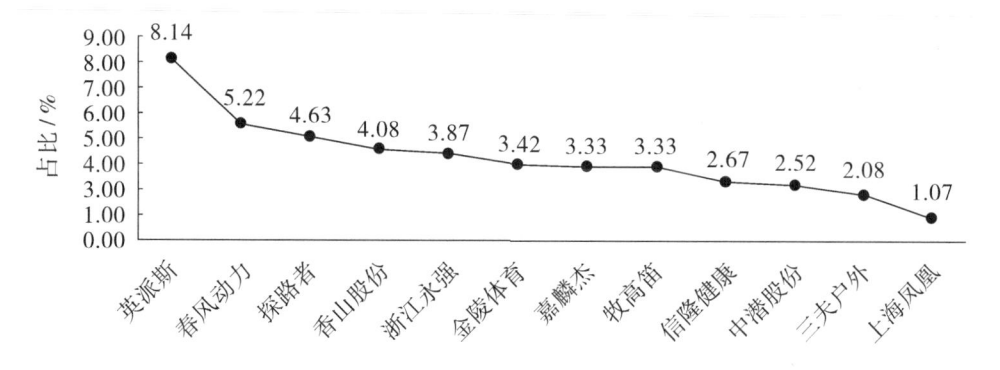

图6-9 体育用品制造业上市公司2020年研发投入

还需注意的是，由于当前企业对专利的保护存在一定的难度，极大影响了企业创新的积极性。调研发现，"新产品易被仿冒"是体育用品制造业转型升级中的一大困难。目前国内对运动服装鞋帽专利保护力度还不够，企业投入大量资金在研发新产品上，等产品研发出来后却容易被其他企业低成本的抄袭、复制。新研发产品被侵权使研发企业受到损失，极大打击了企业研发创新的积极性，使企业失去研发新产品的动力，影响了体育制造业服务化转型。

三、高端复合型人才缺乏

制造业企业的智能化改造是一项系统工程，既包含硬件设备的引进，也包括软件系统的个性化定制与更新，这就需要大量技能型人才和科技人才作辅助支撑。人才是企业转型发展的源动力，决定着企业转型升级的成功。长期以来，体育用品制造业以产品为核心的发展模式在人才培养方面表现出一定缺陷，如人才培养结构单一、培养机制不完善、复合型高端人才不足等问题，人才保障和创新人才培养有待加强。由于市场就业环境和企业用人机制的影响，体育高端人才严重匮乏。另外，受到企业规模小、薪酬待遇低及抗风险能力弱的影响，专业化的体育人才很难长期稳定就业，从而造成人才市场供给匮乏。中国制造2025发展战略要求大力培养高端复合型人才，培育制造业发展紧需的专业技术人才，为制造业转型升级提供人才支撑。

课题组调研发现，2020年，体育用品制造业上市公司中研发人员在总员工的占比率均值为11.91%；教育程度为硕士及以上的员工在总员工中的占比率均值仅为2.76%，其中春风动力的硕士及以上学历的员工占比率最高，为

6.07%；浙江永强的硕士及以上学历的员工占比率最低，仅有0.14%。与之形成巨大反差的是大专及以下学历的员工占比率均值高达77.87%，其中信隆健康的大专及以下学历的员工占比达到97.94%。由此可以推测，当前中国体育用品制造业还是以生产制造型人才为主，具有研发能力、技术创新能力的高端复合型人才严重缺乏。即使在安踏、361°这类发展良好的上市公司，也存在着高端复合型人才缺乏的问题[1]，表明体育用品制造业企业在转型升级过程中需要大量高素质的复合型人才，从而提升企业的创新能力、管理能力，以顺应发展需求。

四、产业生态不完善

从2006年国家体育产业基地评选工作开展后，国家体育产业示范基地、国家体育产业示范单位、国家体育产业示范项目作为体育产业的"国家队"，在产业发展中起到了模范带头的作用，培育了一批在国内外享有声誉的体育品牌，因此初步形成了较为完整的体育产业链。但就目前而言，产业协作关系还不够紧密，上下游配套深度不够，中间环节太多，流通周期偏长，大幅度增加了采购、生产、销售等各个环节的成本，未能形成高效、低成本的柔性供应链体系。产业公共服务体系不够完善，一些龙头企业花费巨资建立的行业技术检测等平台闲置问题严重。由贵人鸟、虎扑体育、景林投资共同发起的"动域资本"体育产业投资基金尚处起步阶段，兼并、重组、重整、并购等仍在摸索中。此外，城市环境、社会配套等公共基础设施没有相应跟上，企业的各项成本居高不下，减弱了体育用品制造业的低成本竞争优势，给体育用品业服务化转型带来困难。

五、制造业服务化认识不够清晰

学者们对制造业服务化发展内涵的认识从20世纪70年代起，迄今主要分为4个阶段，在不同时期制造与服务融合关系中，关注点以"服务经济""面向服务的制造""面向制造的服务""服务型制造"为标志[2]，逐步加深对制

---

[1] 赵少聪，杨少雄，郭惠杰.福建省体育用品制造业服务化转型困境与路径研究——以福建晋江国家体育产业基地为例[J].福建师范大学学报（哲学社会科学版），2018（4）：15-23.

[2] 何哲，孙林岩，朱春燕.服务型制造的概念、问题和前瞻[J].科学学研究，2010，28（1）：53-60.

造业服务化发展内涵的认识。然而，目前我国体育用品制造业对服务化发展的规律与内涵认识不足，以及对服务化发展对企业效益的影响作用存在认知误区。

在规律与内涵认识方面，具体表现为：一是我国体育用品制造业在服务化发展领域的实践和理论研究尚处于探索阶段，制造业服务化发展的新模式、新业态不断涌现，学者们对体育用品制造业服务化发展的内生动力和影响因素未形成统一认识；二是服务化发展的方向和路径选择认识不清，如体育用品制造业服务化转型是向产业链前端（产品研发设计、原料采购服务、仓储运输服务）方向拓展路径？还是向产业链后端（产品品牌、渠道营销服务化）方向延伸路径？又或是向前后两端同时拓展与延伸路径？三是我国体育用品制造业长期的传统观念认为，体育用品制造业企业以产品制造为中心，核心业务是加工制造，企业若把有限的生产资源转移到服务上，就会弱化加工制造的核心业务。总体而言，目前我国体育用品制造业对发展服务型制造的规律认识不清。

在对企业效益的影响作用方面，目前发达国家和跨国体育用品企业为了提高产品利润，通过制造与服务的融合，生产要素向服务环节的转移，上下游企业的专业化分工和精细化协作，整合价值链，进行"制造+服务"经营模式创新，提升企业效益。然而，中国体育用品制造业对服务化发展作用于企业效益认识存在误区。制造业的服务化发展与企业绩效影响等研究还在不断探索，虽然大部分学者的研究表明，制造业企业服务化程度对企业绩效的影响呈现正相关关系、"U"型曲线关系或"马鞍"型关系。但是，也有少数学者认为两者之间存在负相关关系的"服务悖论"或"服务化困境"[1]，即当企业服务化水平较低或企业刚进行服务化改造前期，可能会由于资金短缺、服务类型不明确、产业结构调整与技术改造升级不到位等因素，产生负向的绩效水平。

贵人鸟作为我国众所周知的运动鞋服的生产厂家，曾经一度拥有很高的市场份额，并于2014年成功上市。但是，在后来的转型和多元化发展中，贵人鸟未充分进行市场调研和利益衡量，盲目扩张。在较短时间内，企业同时涉足"互联网+体育"、体育经济、体育保险、体育旅游、体育健身、房产、矿业等多个领域。多业态的发展，导致企业的财力、物力、精力分散，最终引发了企业的倒闭破产。因此，部分体育用品制造业企业担心当"服务化困境"问题或"拐点"出现时，企业的绩效会出现不同程度下滑，如果企业没有及时调整或把握好服务化战略与发展内涵，就会面临很大的转型风险。

---

[1] 李松庆.制造业服务化程度与绩效关系：综述与展望[J].江苏商论，2019（7）：62-69.

服务化是制造业多元化经营中的一种模式，体育用品制造业企业在实施服务化时，首先应当厘清服务化发展的规律与内涵，认清服务化发展的新模式、新业态。其次，选择合适的服务化发展路径，对市场需求进行调查，依据当前市场迫切需求的服务业务，结合自身已具备的技术、知识或资源，开始适宜的服务业务，有针对性地进行服务化发展，由此企业的协同效应也可得到发挥。最后，循序渐进地加大对服务化发展的投入力度，企业在精力、财力、资源等各方面得到提升后，才可进一步扩大服务范围，发挥服务化发展对企业绩效的推动作用。

六、体育用品企业发展服务型制造的服务能力不足

在全球价值链分工体系中，发达国家仍然占据附加值较高的研发与销售环节，而中国体育用品制造业多数处于产业链附加值较低的加工和组装环节，并且中国体育用品传统制造业主要以单一加工制造循环的方式不断扩张产业规模，虽然，李宁、安踏、361°、特步、匹克、鸿星尔克等龙头企业已从传统产品生产与销售环节逐步向产品服务化转变，生产要素部分流向服务环节[1]，但是，这些都还只是处于服务型制造转型的初期阶段，业务主要集中在简单易进入的基本服务领域，在具体实践中处于摸着石头过河的阶段，对创新设计、供应链管理优化、产品全生命周期管理、融资租赁、总集成总承包等高附加值服务的转型还有较大的提升空间。且产业集群内各企业还不能很好地利用网络将市场信息、设计、原料采购、加工生产、分销和物流配送等具体服务环节连接成制造网络联盟，缺乏制造流程外包与企业间的互为服务，以及制造资源配置、协同制造网络的分工服务。因此，中国体育用品企业发展服务型制造的服务能力不足。

---

[1] 刘志勇，李碧珍，叶宋忠，等.服务型制造：福建体育用品制造业供给侧改革路径研究[J].福建师范大学学报（哲学社会科学版），2016（5）：17-26.

第七章
发达国家体育用品制造业服务化推进路径与经验

21世纪以来，随着互联网、信息技术等新一轮技术革命浪潮的兴起，全球制造业一直在酝酿变革，尤其是美国、英国、日本、德国等制造强国一直谋求制造业的创新领先。例如，2012年，美国出台《先进制造业国家战略计划》，通过工业化与信息化融合，大力推行"制造业回归"国策；2013年，英国政府提出了《英国工业2050战略》，重点扶持高科技产业、高端、创新型制造业回归本国，推出"高价值制造"战略；2016年，日本提出"互联工业"，以机器人、3D打印技术作为制造业发展的重点领域，实施"产业振兴"战略；2018年，德国出台《高技术战略2025》，提出了以智能制造为核心的"工业4.0"战略计划[1]。发达国家的制造业创新发展旨在抢占制造业技术制高点和竞争新优势。发达国家制造业的生产和竞争已经从对资源、基础物资要素的投入依赖逐步转向了对信息、咨询、设计、研发、品牌管理等服务要素的依赖，如国际商业机器、富士施乐等企业为代表的制造生产方式，发生了包含服务化的革命性转变，并且这种趋势以更多流程化创新的倾向性选择，替代了传统的技术迁移的整体创新研发，推进了服务化要素对制造业生产相互融合的普遍实现。

随着服务化在制造业产业竞争与发展中融合程度的深化，逐步形成了投入与产出服务化两个层次的重要转变，投入服务化主要在制造业生产设计、研发、协调控制及竞争合作过程中，以购进形式的服务来替代物化生产，产出服务化主要体现在产品的市场拓展、产品售后等方面的服务内容购进[2]。从创

---

[1] 国家制造强国建设战略咨询委员会. 中国制造2025蓝皮书（2018）[M]. 北京：电子工业出版社，2018：258.

[2] 李刚，汪应洛. 服务型制造——基于"互联网"的模式创新[M]. 北京：清华大学出版社，2017：39.

新角度而言，投入服务化本质上是服务形式要素购进的创新再内化，而产出服务化则主要倾向于创新推进和产业链延续的服务购进。纵观全球发达国家的先进制造业产业规划，其中的智能化工业生产，都是将要素需求指向产业服务化，而其中的"智能生产""智能物流"等都特别强调对产业服务化的创新。产业服务化中的投入服务化促使了更多产品价值凝聚，并分布于"微笑曲线"的两端，从而使得制造业在参与全球竞争的贸易、海外投资及相应过程中的创新得以被新的要素融入方式所激发，进而获得创新的收益。

第一节 新工业革命背景下体育用品制造业服务化新趋势

新一代信息技术与制造业深度融合，正在引发影响深远的产业变革，随着制造业与服务业的融合程度越来越高[1]，体育用品制造业要素密集度出现了一些新的变化。服务业中的服务要素如市场研发、设计、物流、管理效率、品牌营销等，在体育用品制造业价值增值额中的比重日益增加。体育用品制造业开始向一个新的趋势聚焦，大力发展与体育用品制造业紧密相关的生产性服务业，提供"产品＋服务"的解决方案，加快制造业与服务业的协同发展，实现体育产品价值增值，推动商业模式创新和业态创新，推动服务功能区和服务平台建设，促进生产型制造向服务型制造转变。发达国家体育用品制造业主要优势在研发设计、广告营销、品牌运作、全球组装等服务环节，并获取产业价值链的高额利润。在发达国家体育用品制造业服务化转型影响下，其他国家体育用品制造业在要素服务化进程中的生产与贸易，同样吸收了发达国家体育用品制造业服务化的优秀创新理念，在获得对发达国家体育用品制造业服务化学习机会的同时，尝试新的服务化要素融合创新，或借助现有生产网络等组织配合方式，在服务化过程中提升自主创新及全球竞争的能力。

一、体育用品制造业投入呈现服务化趋势

制造业的服务化转型不仅得到了世界各国的重视，而且也逐步成为各国体育用品制造业接轨世界经济及贸易竞争的大趋势和必然创新方向。按照制造业

---

[1] 国家制造强国建设战略咨询委员会. 中国制造2025蓝皮书（2018）[M]. 北京：电子工业出版社，2018：215.

服务化相关学者的分析，制造业服务化在从产品核心向价值核心到服务核心转变的过程中，包含着制造业产出的服务化和制造业投入的服务化两个层面的含义。所谓制造业投入的服务化主要是指投产制造业的产品元素趋减，而服务元素及相关要素投入增多的变化过程，从本质上来讲就是作为中间投入品的生产性服务的特性和功能在制造业主体生产与竞争过程中不断凸显和强化的过程[1]。从微观层面，制造业投入服务化主要是指企业按照市场需求，并结合自身现实，进行投入及产出的差异化运作，并逐步在生产环节纳入服务、信息咨询等内容，从而最终实现企业的服务化。而从中观角度来看，主要指整个制造业产业从原先的产品高资源消耗模式转为低资源消耗模式，重在利用服务外包等形式实现产业运行。在宏观层面上，主要是指一国或一个地区按照低产品资源消耗获取经济增长、技术演进及满足消费需求的运作方式。以经济合作与发展组织（OECD）29个成员国（包括德国、英国、澳大利亚、丹麦、法国、美国、加拿大、荷兰、日本）20世纪70—90年代的投入产出表为原始数据，采用制造业对服务活动的依赖度来考察发达国家制造业服务投入的变动规律。如表7-1所示，各国制造业对服务业的中间投入呈较为明显的上升趋势[2]。

表7-1　20世纪OECD9个国家各时期制造业的服务投入变化趋势（%）

时间	日本	加拿大	美国	法国	英国	丹麦	澳大利亚	荷兰	德国
70年代早期	15.57	8.29	21.14	14.72	11.05	17.10	15.59	16.26	—
70年代中期	17.69	8.90	19.01	15.83	10.12	18.98	—	18.02	—
80年代早期	17.58	11.97	21.29	15.52	11.70	—	23.22	20.03	19.42
80年代中期	19.70	12.03	22.86	16.21	12.12	23.44	18.18	22.40	21.66
90年代早期	24.70	11.06	24.12	24.73	—	23.15	21.91	16.79	24.33
90年代中期	26.43	18.23	26.55	26.82	27.79	26.27	30.89	24.83	28.82

数据来源：刘继国.制造业服务化发展趋势研究［M］.经济科学出版社，2009：55-56.

发达国家体育用品制造业服务化的企业价值链，主要以实现企业价值和获取竞争优势为目标，以满足顾客需求为导向，以制造为中心向以服务为中心转变。企业的生产和竞争已经从对原材料、土地、人工等基础资源或要素的投入依赖逐步转向了对服务要素的依赖。体育用品制造业不断增加研发设计、广告

---

［1］沈飞.制造业投入服务化创新路径探究［M］.上海：上海交通大学出版社，2015：29.
［2］郭怀英.制造业服务化：国际趋势及其启示［J］.全球化，2013（9）：100-108.

营销、品牌运作、全球组装等服务环节的投入，服务要素日益成为体育用品制造业价值创造的主导因素。在产业附加价值和品牌效益不断提高及竞争合作过程中，体育用品制造业以购进形式的服务来替代资源或要素的物化生产，拓展企业价值链。体育用品制造业的服务化逐步形成规模，信息化服务推进服务要素融入制造产业，并推进知识、信息及服务等要素的进一步协调融合，逐步改变着产业盈利方式与生产竞争模式。因此，体育用品制造业的投入服务化不仅包含了整个体育用品制造产业对服务化需求的增长，还体现了外购服务要素在服务业内部的创新对体育用品制造产业的生产与经营绩效的溢出；在体育用品制造业的投入服务化运营模式中，主要以吸纳、购进服务要素参与体育用品制造业产品的研发设计、广告营销、品牌运作、全球组装等服务环节；在经营价值实现上，体育用品制造业的投入服务化主要侧重从有形产品的资源组合到无形化服务的渗透组合转变；在产业流程与工艺改进角度上[1]，体育用品制造业的投入服务化主要是生产流程中对原材料、土地、人工、研发设计、广告营销、品牌运作、全球组装等要素的有机结合，并与服务业产业无缝对接；从产业组织形态来看，体育用品制造业的投入服务化主要侧重于从传统生产点对点的布局向服务型制造的网络布局转变。

二、体育用品制造业产出呈现服务化趋势

随着信息技术的发展和企业对"顾客满意"重要性认识的加深，体育用品制造业企业不再仅关注实物体育产品的生产，而是涉及实物体育产品的整个生命周期，包括市场调查、产品研发、设计、生产、加工、制造、销售及售后服务等[2]。服务环节在体育用品制造业的价值链中的产出作用越来越大，许多传统体育用品制造业企业甚至专注于战略管理、研究开发、市场调研、品牌营销等活动，放弃或外包所有的生产制造活动，转变成专业的服务性企业。体育用品制造业中的一些龙头企业或国外发达国家的体育用品品牌企业把产出服务化作为为其他体育用品制造业提供专业服务的发展趋势。所谓制造业的产出服务化，是指在制造业全部产出中，服务产品的比重不断增加的现象[3]。如相

---

[1] 李廉水，刘军，程中华，等.中国制造业发展研究报告2019：中国制造40年与智能制造[M].北京：科学出版社，2019：29.

[2] 孙林岩，李刚，江志斌，等.21世纪的先进制造模式——服务型制造[J].中国机械工程，2007，18（19）：2307-2311.

[3] 郭怀英.制造业服务化：国际趋势及其启示[J].全球化，2013（9）：100-108.

关企业不仅向客户提供有形式产品,还提供诸如"成套解决方案"之类的后续服务,从而使客户在购买了该公司的产品后不必为如何解决不同供应商产品服务组件的配合问题而烦忧。通过提供各种"一揽子""一站式"服务,可使客户能够根据需要随时运用各种预案解决其使用过程中出现的各种问题,从而极大减轻客户的负担和风险。制造业企业在这一服务化过程中不再出售物品本身,转向出售物品附加的服务或功能,实现了价值链环节的延伸和利润空间的拓展。制造业产出服务化也可称为业务服务化,是产品的市场拓展、产品售后等方面的服务内容购进,产出中的服务比重比较大,甚至转向完全出售服务,产品只是企业出售服务的载体[1]。其服务产品在制造业的全部产出中占据越来越重要的地位。如体育用品品牌公司耐克,其公司总部除了从事研发设计和市场营销外,外包所有制造环节,成为服务企业,为顾客提供与体育产品密切相关的服务。

制造业服务化是基于制造业的服务和面向服务的制造的融合,是基于生产的产品经济和基于消费的服务经济的融合。20世纪下半叶以来,众多西方发达国家经济重心从制造业向服务业转变,通过服务业的发展增强制造业竞争力。而我国体育用品制造业中,大部分企业的服务业业务收入占总收入的比例都还比较低,服务化水平明显较低,而建设现代化经济体系必须高质量发展经济,发展经济的着力点在实体经济,发展实体经济的重点和难点则在制造业。《中共中央关于制定国民经济和社会发展第十四个五年规划和二〇三五年远景目标的建议》提出,推动现代服务业同先进制造业融合,加快推进服务化数字化。我国体育用品制造业由单一生产型向"生产+服务"型转变,由传统的产品系统发展向集产品和服务于一体的产品服务系统转变,围绕客户需求创造价值,所提供的服务因各类客户需求不同而不同,满足客户多样化、个性化需求,或为客户量身定制个性化解决方案,使所提供的服务能帮助客户解决问题、创造价值,从而吸引客户并与其建立长期业务关系。因此,许多优秀的体育用品制造业企业纷纷把自己定位为服务企业、供应商、服务商及其他中间商,为客户提供与体育用品密切相关的产品服务系统或服务产品来创造竞争优势。体育用品制造业产出服务化是企业创造差异化优势的重要趋势,利用服务的可见度低、不易模仿的特点,让竞争对手难于在短时间内模仿与超越自己,从而自身有余力寻求新的市场发展需求,为其他体育用品企业提供与产

---

[1]沈飞.制造业投入服务化创新路径探究[M].上海:上海交通大学出版社,2015:29.

品相关的服务来增加经济收益。

三、体育用品大批量生产转为大规模定制

体育用品制造业的生产模式通常可分为3个阶段，分别为手工作坊式生产模式、大批量生产模式、顾客化生产模式。手工作坊式生产模式（craft production）主要以单个熟练工人完成产品的各种工序。这种生产模式对员工的生产熟练程度要求很高，且员工要按照每一个客户的要求，为其单独定做产品，这种生产方式生产成本极高，是极低标准化下的单件、小批量生产，即生产量很少，其目标客户主要以能付得起高价的少量客户为主，以工匠工艺为基础的绝对优势为竞争取向。大批量生产（mass production）是在零件标准化和分工专业化的基础上对同一种产品的大规模生产。在供应相对不足和需求相对旺盛的市场环境下进行的制造业大批量生产方式，体育用品制造业企业最初期在市场价值选择上，主要通过单一品种、标准化基础上的大批量、低成本的生产，为顾客提供标准的、可靠的、质量具有一致性的体育产品。顾客化生产模式（customization）是指依据顾客需求生产特定产品的生产方式[1]。随着消费者需求的个性化和多样化，体育用品制造业企业顾客化生产模式主要以支持大规模定制为目的、强化沟通与协同流程为主要特征的生产运作系统，即大规模定制生产系统。且为了满足顾客不同的需求，需要对目标客户进一步细分，使企业能从细致的目标市场中识别出客户的共性需求和个性化需求，面对由大量客户化、个性化需求做出快速响应的模块化设计和模块化生产系统。美国生产与库存控制学会认为，"大规模定制生产是一种创造性的大量生产，它可以使顾客在一个很大的范围内选择自己特定需要的产品，而且由于采用大量生产方式其产品成本较低。"体育用品制造业企业从大批量生产向大规模定制转变过程中，在制造系统上，制造过程发生了从完全的大批量机器化生产到刚性自动化生产，再到柔性自动化生产，最后到智能（敏捷）自动化生产的转变，而且在体育用品制造业企业从大批量生产向大规模定制生产系统转变中，还有一个特殊且特别重要的生产模式，即精益生产（lean production）[2]，如表7-2所示。

---

[1] 中国电子信息产业发展研究院. 2017—2018年中国服务型制造蓝皮书[M]. 北京：人民出版社，2019：19.

[2] 蔡三发，黄志明，邹彬，等. 制造业服务化决策、实施与控制[M]. 北京：清华大学出版社，2013：11.

表7-2　制造业商业模式对比

类别	小批量生产阶段	大批量生产阶段	大规模定制阶段（顾客化模式）	服务型制造（顾客化模式）
生产方式	极低标准化下的单件、小批量	单一品种、标准化基础上的大批量	满足顾客要求的多样化、批量化	多样化的心理体验，小批量生产
市场环境	社会经济发展水平较低，市场不成熟	需求膨胀，买方市场形成，供求逐步平衡	供过于求，竞争日趋激烈，买方市场形成	服务成为主要的竞争手段
竞争取向——企业战略	以工匠工艺为基础的绝对优势	以生产效率为基础的短期比较优势	以动态能力为基础的核心竞争优势	以长期的服务活动形成持续稳定的竞争优势
理念导向——制造战略	提高手工工艺，尽可能满足定制化要求	提高生产效率，降低生产成本，产量即利润	追求企业、顾客、社会利益三者间的协调	通过服务活动，实现客户价值锁定和自身利益诉求
制造系统	约束性较强的手工定制	以标准化和规模经济为基础，较强刚性	以模块化和速度经济为基础，较强柔性	以柔性化生产为特征，顾客成为重要的生产方
制造组织	简单式组织结构	集权式层级结构	内部扁平式管理与外部战略联盟结合	虚拟化的网络制造环境
制造技术	工匠工艺	物资需求计划	企业资源计划、先进制造技术	柔性生产等先进制造技术

随着市场需求膨胀，买方市场形成，消费者作为经济理性人，为节省时间和精力，从事经济活动时总是希望以最小的成本获得最优的选择。体育用品制造业要根据市场的分化将目标细分为几大类，并向每一个市场提供某一类标准化的体育商品，以生产效率为基础的短期比较优势获得企业的竞争取向，并在不同的市场之间保持一定的产品差异性。但是，在大规模生产阶段中，由于体育用品制造业的制造理念导向为提高生产效率，降低生产成本，产量即利润。这种大批量生产模式下，客户在一定程度上是独立于制造业企业而存在的，客户的需求并不能被体育制造业企业普遍关注，也难以充分地反映在体育用品制

造业企业的产品设计之中。在体育用品大规模、大批量的生产制造系统方式下，以标准化和规模经济为基础，较强刚性，生产率得到很大提高，但是产品的品种相对单一，顾客选择的余地较少。且企业的制造组织是一种集权式层级结构，整个供应链主要是由体育用品制造商主导和推动，大批量的体育用品生产厂商通过建立多级厂商组成分销网络，客户只能选择接受或者不接受体育用品厂商所生产的产品，而无法充分表达自己的意见主张。

在大规模定制化的时代，消费者与体育用品企业间的地位、角色均发生较大的变化。一方面，在供过于求，竞争日趋激烈的买方市场，为了满足顾客要求的批量化，体育用品制造业企业要通过批量化制造的低成本优势来满足顾客个性化的产品需求。以动态能力为基础的核心竞争优势，通过零部件的标准化来实现大规模的生产，追求企业、顾客、社会利益三者间的协调。企业的制造系统主要以模块化和速度经济为基础，体育用品制造业组织内部扁平式团队管理与外部战略联盟相结合，柔性较强。另一方面，在服务成为主要竞争手段的市场环境下，为了满足顾客要求多样化的心理体验，体育用品制造业企业就要通过定制化的组装来满足顾客多样化、个性化的小批量生产。体育用品企业间的竞争取向主要以长期的服务活动形成持续稳定的竞争优势，通过服务活动，实现稳定的客户价值锁定和自身利益诉求及制造理念导向与战略，且体育用品制造业企业以柔性化生产为特征，顾客成为重要的生产方。在客户关系上，客户不再孤立于产品研发与生产过程之外，而是主动参与产品的研发、生产与配送过程。在核心能力构成上，制造业企业具备获取客户需求的能力、和客户保持紧密互动关系的能力、柔性的生产能力及和供应商在基于虚拟化的网络中进行及时响应和互动的能力，制造业企业与客户、制造商、供应商的合作伙伴网络得以显著扩张。

四、体育用品制造业服务化由一体化转为生态圈的战略理念重构

服务型制造是在经济全球化、需求个性化、客户价值最大化背景下，基于新一代信息技术、先进制造技术，以及网络经济下的管理理论，而形成的新型商业模式与新型生产方式。在信息技术深入发展的背景下，服务型制造业企业面临的环境充满易变性、不确定性、复杂性、模糊性等特点。体育用品制造业企业依靠一体化塑造的企业边界，在很大程度上会限制体育用品制造业企业的发展。在互联网、社交网络等信息技术推动下，发达国家普遍重视通过发展服务型制造来实现体育用品制造业转型升级，基于分工、协作、共赢理念，以客

户价值创造为导向，体育用品制造业企业和上下游合作伙伴通过密切的产业分工，创造面向客户个性化需求的产品服务系统，构建价值创造的商业模式和制造模式[1]（图7-1）。

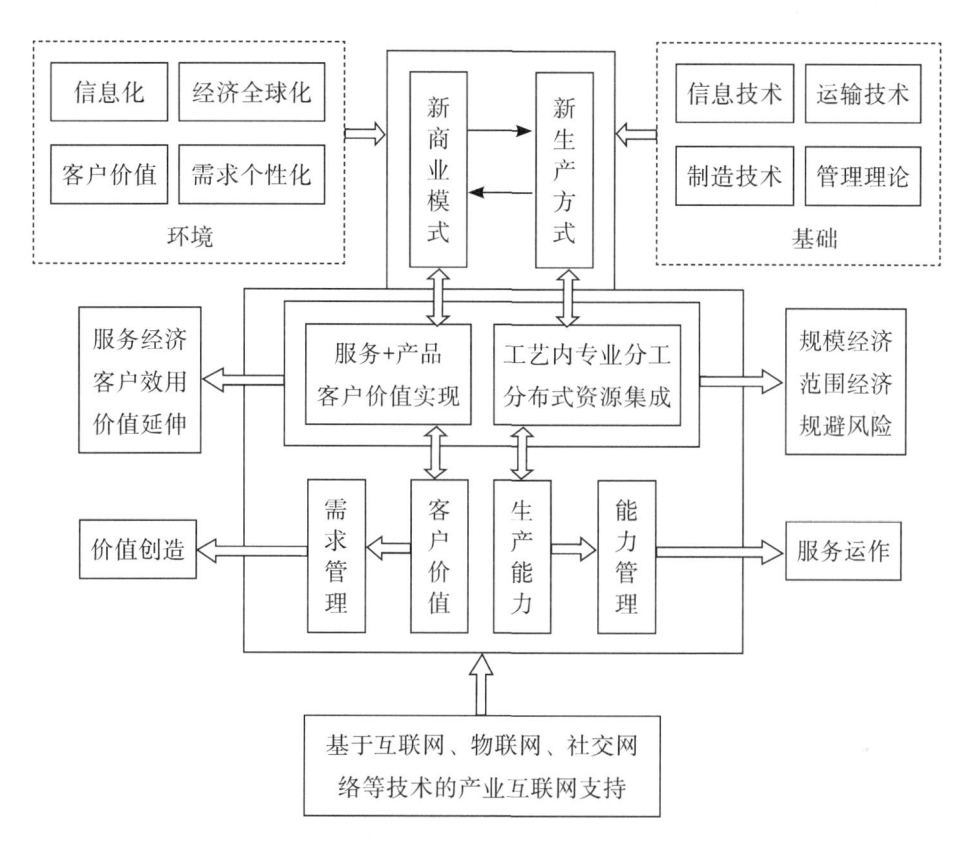

图7-1 服务型制造体系结构

随着互联网、大数据、智能化技术的成熟，服务型制造要求塑造具有高度灵活性、个性化、数字化特征的智能制造模式。发达国家体育用品制造业企业可以在全球范围内组织发展制造及服务业务的各类资源，把体育产品制造从规模效应的地域限制中"解放"。表现为体育用品制造业企业之间的生产过程服务（如制造过程外包）协作、服务企业对体育用品制造业企业的生产性服务（如研发设计、物流、品牌、渠道、运筹、知识与服务等产业链高端环节等业务流程外包），从而更快、更好地满足消费者的个性化、特色化、定制

---

[1] 孙林岩.服务型制造理论与实践[M].北京：清华大学出版社，2009：20.

化需求[1]。发达国家体育用品制造业企业实行服务型制造的互联工厂并非体现在"流水线或车间",而是通过专业化分工和分散资源的有效集成,以更低的成本、更快的速度为顾客提供个性化的产品服务系统。通过体育用品制造业企业向服务领域有效延伸,或服务企业向体育用品制造业领域渗透,以及体育用品制造业与服务业之间交叉融合,构建设计、采购、制造、营销、服务的全流程生态圈,为客户提供个性化定制或客户全程参与设计等产品全生命周期服务,从而降低体育用品制造业企业进入新领域(制造或服务)的壁垒,促进体育用品制造业传统业务链的延伸与向服务领域转型。

现代服务业和新能源、新材料、新技术等新兴产业的发展将成为驱动经济增长的新引擎,对体育用品制造业企业而言,服务外包已经逐渐成为企业集中精力于核心业务,培育核心竞争力的一种非常重要的手段。制造业与服务业的深度融合是体育用品制造业发展的重要趋势,随着经济发展和买卖双方地位的变化,消费需求的整合特征也日趋凸显。体育用品制造业企业将部分资源要素由传统的加工制造环节向产业链高增值环节转移和配置,从产品提供商向产品服务整体解决方案提供商转型,并向产业链上端的研发、设计和下端的物流、品牌营销领域延伸。利用自身的技术优势及时开发出满足消费者品位、独特、新颖、适销对路的新产品,以便能比竞争对手为客户创造更多价值[2]。因此,体育用品制造业服务化发展应根据自身发展提高把服务做成产品销售的能力,实现服务商品化,从市场需求、成本降低、产业链增值方面出发,向服务型制造转型升级。

第二节 发达国家体育用品制造业服务化推进路径与实践探索

一、发达国家大力推动企业发展服务型制造

现代经济理论和发达国家的实践表明,产业转型升级过程是社会分工不断深化、专业化水平不断提升和资源配置效率不断提高的过程,按照

---

[1] 韩江波,吴林,万丽.制造业服务化:制造业高质量发展的路径研究[J].创新科技,2021,19(10):28-36.

[2] 蔡三发,黄志明,邹彬,等.制造业服务化决策、实施与控制[M].北京:清华大学出版社,2013:11.

Vandermerve和Rada的制造业服务化定义，越来越多的制造业企业从实物产品提供者转变为产品—服务包提供者，成为产品服务完整解决方案的提供者。服务化是全球产业竞争的焦点，发达国家制造业率先实行服务化转型升级，并成为制造业价值链的主要增值点和整体经济服务化的产业支撑，服务型制造是在先进制造技术的基础上产生的新型生产组织方式，也是制造业迈向高端化、高级化发展战略必争的领域[1]。当前，从国际形势看，美国、日本、德国等发达国家开始重振制造业和大力发展实体经济，通过现代服务业与制造业的融合，提升产业资源配置效率，产业分工格局正在重塑，全球经济由"制造经济"向"服务经济"转型。因此，制造业急需从产业链低端的生产制造向产业链高端的服务型制造转型升级。现代信息技术和制造技术使产品的设计和制造过程实现分离，工艺流程级别的分工协作使制造业与服务业之间的协作关系变得日趋精细化，顾客的主动参与使传统制造过程中制造企业、服务企业和顾客之间的合作生产与价值共创的利益一致，从而降低制造业企业的市场供给风险；制造业企业之间的协作生产通常是以大企业为主导，中小企业提供配套业务进行协作服务的产品服务系统供应商模式，或是在制造业的中小企业间形成"专、精、新、特"的中小型制造及服务企业集聚群。通过集聚群内各企业承担产品制造工艺流程中的一个或几个模块，或服务流程分散化协作，企业之间相互提供细致业务分工及优质服务，以规范的接口进行协作，实现低成本、高效率的制造及服务协作模式。

美国、日本、德国等发达国家把握新一轮科技革命、产业变革的契机，不断推动制造业服务化转型，在服务型制造的运作模式上，主要更加关注客户价值的实现。制造业企业需要从客户的需求出发，通过合理地组织资源为客户提供解决问题的方案，提升客户的竞争力，这其中要依赖于制造业企业间建立的基于产业分工、产品工艺内分工，以及服务流程分工的分工体系。企业之间专注于自身核心能力及业务，将不擅长的业务外包给专业化的制造服务企业及生产性服务企业，并形成相互协作的价值创造网络，实现分散的制造及服务资源的集成，并保持成本的优势，实现企业价值和客户价值的双赢。由于服务型制造中的客户不仅包括最终顾客，还包括产品服务系统生产过程中的合作企业。因此，发达国家制造业企业需要对客户的需求进行有效的管理，并主动引导客户参与整个经营过程或将客户引入产品制造和服务提供及消费过程中。在产品的全生命周期中通过和客户进行合作制造，整合产品与服务，实现对顾客需求

---

[1] 蔡三发，黄志明，邹彬，等.制造业服务化决策、实施与控制[M].北京：清华大学出版社，2013：25.

的满足，降低企业的专有化投资风险，以低成本来满足客户的个性化需求。另外，要改革传统的以库存管理为基础的制造运作系统，建立制造及服务能力知识库，开发规范化的制造及服务能力协作接口，形成不同模块即插即用的能力，快速对客户需求进行配置、运作与重构。

发达国家制造业服务化的实施是建立在现代先进制造技术和现代管理技术的基础上的，且制造业企业必须具备良好的客户需求管理、整合和创新企业生产组织的能力管理、重构企业制造及服务资源的网络管理、控制市场需求和供应风险的有效管理。因此，制造业企业要向服务型制造转型升级就要从传统价值链的不同阶段升级成服务型制造业企业，实现技术驱动型、过程驱动型及市场驱动型产品和服务的创新，构筑起企业新的生产组织方式和商业模式。发达国家制造业企业对客户需求管理主要以发掘客户价值、实现价值创造为目标，引入顾客作为"合作生产者"，并对目标客户进行细分和识别，增强企业感知、预测、引导和管理市场需求的能力；制造业企业整合和创新企业生产组织的能力管理主要通过企业内外部学习，以实现知识积累、整合和创新，通过企业组织结构和业务流程再造、生产线改造等手段，提高企业的设计、制造和营销能力；发达国家制造业企业重构企业制造及服务资源的网络管理，主要是开发服务型制造网络，通过嵌入服务型制造网络、外购、外包、代工、购并、供应链重构等不同措施，促进企业内外部合作企业的资源优化和生产性服务高效协同，促进企业整体绩效的提高。发达国家制造业企业对控制市场需求和供应风险的有效管理，主要是通过对服务型制造网络中各类风险的识别、预测和评价，明晰服务型制造网络在结构和运作等方面存在的风险，并对分散化服务性系统的网络结构、市场需求和供应风险进行有效管理，减少风险造成的损失。

二、发达国家体育用品制造业服务化的推进路径

在发达国家体育用品制造业企业进行转型升级的第一阶段中，体育用品制造业企业只是依靠实物产品提供一些附加服务来满足顾客的需求。这一阶段中，企业更加注重体育产品的高质量生产，顾客的需求还没有受到重视，因此，提供的体育产品还不能满足顾客的全部需求。在体育用品制造业企业转型升级的第二阶段中，企业开始关注顾客的需求，并围绕产品主动提供配套的附加服务，如体育产品的安装、调试、维护、保养及维护、维修等产品售后服务。在体育用品制造业转型升级的第三阶段中，制造业企业以"产品—服务包"的形式为顾客提供完整的解决方案，满足顾客多样化、个性化、全方位的

需要，体育用品制造业企业从传统的产品提供商向服务提供商转变。产品服务系统中各生产性企业、服务性企业紧密围绕产业链各环节节点开展业务，并将核心业务组成网络节点企业，而把非节点核心业务外包给世界其他国家或地区进行加工、制造、组装和产品售后服务，通过相互提供生产性服务、分工协作实现快速创新和高效生产，构建一种以顾客为中心、体现整体解决方案的服务化模式[1]。因此，发达国家体育用品制造业企业在转型升级的第三阶段中把第三方顾客视为信息沟通、产品合作的重要生产者之一，围绕体育用品产品服务系统创新和生产经营管理创新进行改革。基于全球价值链的角度，其服务化转型路径主要分为以下4种。

路径1：从专注于体育产品生产阶段转为基于价值链下游阶段，逐步拓展下游营销创新和实施自主品牌策略，走"产品服务化路线"[2]。Wise和Baumgartner强调了制造业在价值链地位的转变可以是往下游产业链的转变[3]。发达国家体育用品制造业企业在保留已有生产制造业务的前提下，通过加强在品牌营销运作、渠道建立及产品的延伸服务等环节介入，实现下游产业链服务化。随着市场竞争强度增加和客户需求的个性化趋势，发达国家体育用品企业陆续提供一系列基于产品的增值服务，注重产品的品牌管理、营销手段，以及由此带给顾客的营销体验。一方面，采用品牌直营模式进行产品迭代，使新产品开发与品牌营销运作、渠道建立等快速响应市场及消费者需求；另一方面，通过优化渠道结构，根据不同细分市场的具体情况，积极研究顾客消费的变化趋势，实施品牌建设、营销管理、供应链管理等方面的服务化战略，为消费者提供"产品+服务"的营销体验。下游产业链服务化这条路径，并不要求对企业的生产流程、管理模式及运作机制进行较大的调整，对体育用品企业实现服务化的支撑资源需求相对不多，可实现性较强，总体而言转型风险较低。因此，发达国家体育用品企业从和顾客建立命运共同体的理念出发，感知顾客的个性化、多样化、差异化需求，以"产品+服务"为核心，配合多手段的体验式营销，建立快速、便捷的营销渠道，扩大企业的获利空间，实现下游产业链服务化。

---

[1] 孙林岩. 服务型制造理论与实践 [M]. 北京：清华大学出版社，2009：20.
[2] 韩江波. 服务型制造的全球管理变革及实现路径 [J]. 技术经济与管理研究，2017，1（4）：122-128.
[3] Wise R, Baumgartner P. Go downstream: The new imperative in manufacturing [J]. Harvard Business Review, 1999, 77（5）: 133-141.

如国外体育用品品牌耐克和阿迪达斯先后在北京布局直营体验店，为了更好地吸纳消费者，耐克及乔丹篮球体验店精心设计体验店环境的感官体验，除了在体验店墙上刷上街头篮球术语"接一拨儿""往里怼"等，还提供了NIKE+试穿体验区（真实球场试鞋服务）和国外才有的T恤衫个性化定制服务，这一系列动作的背后，是耐克直接面对消费者感官体验的直销（direct to consumer，DTC）营销模式。而阿迪达斯直营体验店则汇集了跑步、训练、三叶草、adidas neo等全系列产品，还有各种最新联名合作款，以及颇受运动潮人喜爱的mi adidas鞋类定制服务。体验店还为消费者提供了电子体验工具"鞋吧"，只要顾客把鞋子放在"鞋吧"上，屏幕就能显示该鞋的3D影像、设计概念和详细技术信息，还可以直接进行线上订购，这些无法在一般品牌零售店得到的品牌感官体验，极大地增强了消费者购物的趣味性。耐克和阿迪达斯通过向营销、品牌管理等产业链下游延伸，实现下游产业链服务化战略。

路径2：从专注于产品生产的阶段陆续转为基于价值链的上游阶段，走"知识技术密集型的高端服务路线"[1]。Davies指出，制造业企业可介入研发、设计、规划等产业链上游阶段，提高其核心竞争力[2]。发达国家体育用品制造业企业通过向研发设计、核心生产工艺等上游产业链拓展，推动其服务化转型。科学技术的创新发展具有全球化的特征，在科技资源流动上，随着跨国公司全球网络的扩张，先进技术和研发能力大规模地在国家间转移、整合，科学技术随着人才的自由流动，在全球范围内实现其创造、存储、交换与利用。因此，一方面，发达国家体育用品品牌企业通过招募全球化科技人才，提高研发投入强度，提升研发与技术水平；另一方面，围绕核心产品或核心工艺技术，按照客户对产品工艺和技术服务的要求，集成产品和服务，向客户销售一个完整的产品研发设计和咨询规划服务，增加产品的附加价值，满足客户的个性化需求，实现其向服务型制造转型升级。上游产业链服务化路径适合于还没有服务化经验而希望积累技术力量逐渐实现服务化的企业，要求体育用品企业必须拥有研发与技术方面的专业人才和较为充足的资金，并具备较强的承担研发和设计失败风险的能力。

如阿迪达斯立足于自身的核心技术和研发设计资源能力优势，陆续拓展互

---

[1] 韩江波. 服务型制造的全球管理变革及实现路径[J]. 技术经济与管理研究，2017，1（4）：122-128.

[2] Davies A. Are firms moving down stream into high value service[J]. London: Imperial College Press, 2003, 12（2）: 64-69.

联网、大数据、咨询、设计、营销、快速供应链等技术密集型的高端服务。2021年第二季度，阿迪达斯营收50.77亿欧元，同比增长超过50%，营业利润为5.43亿欧元。阿迪达斯成立全球一流研发中心，每年均投入巨额资金进行有关技术的研发，其技术服务对象不仅涵盖自己的产品用户，而且包括其他企业甚至竞争对手的产品用户。阿迪达斯主要用大数据分析评估消费者的购买行为，以反馈上游设计和研发，再将投资重点放在不同国家的营销和分销渠道上。同时，强调通过简化全球产品系列，整合仓库基础，以及协调市场服务，来降低集团层面的复杂性，最终形成不断创新的快速供应链系统，上游会合作代工厂，末端会合作第三方物流企业，从原材料采购到生产，零售渠道到物流，再到消费者的供给，利用产业的互联网升级+数字化供应链达到技术、渠道、产品等整个链条端到端的优化，使消费者的购物方式从线下向线上转移，提升产品的精准投入与服务品质的精准供给。

  路径3：从专注于核心制造业务的阶段逐步转为同时向价值链上下游阶段移动，走"产品服务一体化路线"[1]。Davies指出，制造业企业可同时往上下游产业链移动[2]。发达国家体育用品制造业可同时向产业链两端的研发设计、品牌运作、渠道建立、知识与服务等方面拓展，实现上、下游产业链服务化。一方面，发达国家体育品牌企业通过构建面向产品服务系统的研发设计、生产，以及运营的分散化企业网络，促进产业集群内企业与不同国家、地区的产业集群之间进行资源整合与高效协同，共同为客户提供产品服务系统解决方案。而企业本身成为整个价值网络上独具竞争力的生产性服务企业，或者服务性生产活动的供应商，为客户创造独特的价值，实现上下游产业链服务化。这种路径一般是在路径1与路径2融合基础上的服务化高级阶段，对体育用品企业的资源整合与整体能力要求较高，适合于竞争力较强的跨国大型体育用品制造业企业；另一方面，发展中国家体育用品中小型代工企业（OEM），可以通过为上下游企业与客户提供产品的生产、设计、配送、维护、保养等定制化服务，通过柔性化的生产设施与客户建立直接互动关系，协同制造商、供应商共同完成产品及服务的研发、生产与交付，进行服务化战略升级。

  如20世纪70年代，日本的亚瑟士和美津浓2家体育用品企业为追求更为廉

---

[1] 韩江波. 服务型制造的全球管理变革及实现路径[J]. 技术经济与管理研究，2017，1（4）：122-128.

[2] Davies A. Are firms moving "downstream" into high value service [J]. London: Imperial College Press, 2003, 12 (2): 65-68.

价的劳动力，都把制造加工的产业环节从日本国内转向韩国、中国和东南亚等海外国家的数十家企业，既可节约投资成本和管理成本，又可绕开关税壁垒，提高资源配置效率和市场运作效率。20世纪80、90年代，由于日元持续升值，日本的生产成本急剧上涨，美津浓体育用品企业在保留已有核心生产制造业务的基础上，将非核心的生产制造业务外包出去。美津浓体育用品企业经历了类似的生产要素的转移过程，借助于已有在研发、品牌营销、售后服务等领域累积的经验和能力，集中力量研究体育用品新产品、战略控制和品牌营销推广，实行非节点核心业务外包策略，转移生产加工环节降低生产成本，同时向制造业价值链的两端拓展，大力进行产品服务一体化集成创新。美津浓体育用品企业的做法是为了让美津浓品牌走向全球，增加海外销售量并扩大国际市场，以保持企业的持续发展。

路径4：剥离出全部生产制造业务，提供全程专业服务，走"服务产品化路线"[1]。完全去制造化是指制造业企业完全退出低附加值的制造领域，只从事附加值相对高的上下游产业链服务环节[2]。体育用品制造业中的跨国大型企业可以剥离或外包原有制造业务，向平台化公司转型，为其他中小型企业提供生产性服务，实现完全去制造化的服务化路径。一方面，体育用品跨国企业可以依托于长期积淀的科研技术、营销渠道及供应商、客户、合作伙伴、员工、资金等资源向平台化公司转型，将自身优势资源与中小型体育用品企业对接整合，形成平台企业之间的资源互动与产业生态系统的良性发展。另一方面，具有核心技术的体育用品企业可以摆脱原有的全部生产制造业务，基于最新的云计算、大数据、移动互联网技术，专注于垂直型电子商务交易服务，为第三方企业提供信息技术、物流运输、品牌运作等一体化技术服务，转型为在供应链管理服务方面具有竞争优势的服务型制造企业。通过掌握产业链上核心技术与品牌管理等附加价值较高的两端，重构产业链条，打造良好的供应生态圈，为其他相关企业和客户提供全套专业服务，从而获取盈利手段和竞争优势。

如在20世纪80年代初，耐克就扮演着运动鞋专业制造商的角色，在美国本土不拥有任何一家自己的生产工厂。为了降低生产成本，耐克先后将生产线从日本、西欧、韩国转移至人力成本相对较低的中国、印度尼西亚、越南等亚洲

---

[1] 韩江波.服务型制造的全球管理变革及实现路径[J].技术经济与管理研究，2017，1（4）：122-128.

[2] 简兆权,伍卓深.制造业服务化的路径选择研究——基于微笑曲线理论的观点[J].科学学与科学技术管理，2011，32（12）：137-143.

国家；然后集中公司的优势资源，重视研究和开发新产品。不仅雇用了许多具有生物力学、实验生理学、工程技术、工业设计、化学和各种相关领域学科的人才，专门从事研究、设计工作，还聘请了由教练员、运动员、设备经营人、足病医生和整形医生组成的研究委员会和顾客委员会，对各种设计方案、材料和改进运动鞋的设想进行审核。20世纪80年代末，耐克研发的新产品"气体鞋"在市场上让对手锐跑蒙受了剧烈的竞争打击。目前耐克在全球的研发专利申请多达13000件，仅在运动鞋上的专利已超过7000件。耐克的分销渠道主要是向美国和国际市场的批发商销售产品，与直接面向消费者的DTC销售。近年来，耐克批发商销售产品对销售组合的贡献从2012财年的83%下降至2019财年的收入的68%；而同期DTC的销售额从16%增加到32%，其中DTC在线销售额从2014财年的53亿美元增长至2019财年的117亿美元，复合年增长率为17.2%。耐克的收入从2014财年的278亿美元增至2019财年的392亿美元，复合年增长率为7.1%[1]。因此，耐克从通过完全分离外包低附加值的加工制造环节，转变为无工厂的轻资产运营服务企业，专攻高附加值的研发设计和品牌营销环节的完全去制造化模式，是其他品牌体育用品企业服务化战略可遵循的路径。

第三节 发达国家体育用品制造业服务化的基本经验

20世纪80年代，一些西方经济学家认为现代工业已经不再是传统的工业，而是新工业。资料显示，在过去的30年中，西方发达国家服务业占国内生产总值的比重每年都以2%~5%的速度递增，目前稳定在60%~80%[2]，全球产业结构呈现出"工业型经济"向"服务型经济"转型的总趋势。制造业与服务业的融合发展推动产业价值链分解与重新集成。在全球体育用品制造业企业生产实践中，传统体育用品制造业企业不断向服务业拓展，体育产品生产融入越来越多的服务作为中间投入要素，服务已渗透生产环节的每一个领域，以至于很难分清制造和服务的业务。服务业和制造业互为生产要素的投入来源和销售市场，使服务和制造的融合趋势明显加快，而重新集成的体育用品制造产业价值

---

[1] 国际品牌网. 分析耐克的分销渠道和零售策略［EB/OL］.（2019-10-22）［2020-01-13］. http://www.iibrand.com/news/201910/224144.html.

[2] 蔺雷, 吴贵生. 服务创新［M］. 北京：清华大学出版社, 2007：14.

链不仅涵盖制造业价值链增值环节，还包括服务性生产企业价值链增值环节。发达国家从战略高度关注制造业的发展大计，随着经济全球化和知识化进程日趋加快，发达国家体育用品制造业已从单纯的工业时代的制造业变成全球化时代的服务化制造业。20世纪70、80年代，发达国家体育用品制造业企业就已经把非核心制造环节转移到中国、越南、印度等具有劳动力比较优势的发展中国家。此外，它们专注于经营从制造业中剥离出来的且具有高附加值特点的服务环节，这在很大程度上推动了体育用品制造的专业性服务、信息、中介服务、金融服务、贸易服务等生产性服务业、产品服务化的发展；20世纪90年代之后，部分欧美发达国家及地区的体育用品制造业企业运用专业技术知识直接服务于制造过程，并保证体育核心产品具有高附加值、高利润的特点，实施所谓"产品+服务"的体育用品制造业服务化升级战略。各种生产性服务越来越多地参与到体育用品制造业企业的生产活动中，提升体育用品核心产品形态和产品竞争力；2008年，由美国次贷危机引发的全球金融危机，使西方国家认识到将制造业转移到海外所带来的潜在经济危机问题，发达国家及地区开始实施制造业回归、再工业化的相关战略。

一、加强装备工业技术基础，获得先进体育用品制造技术与系统

装备工业是一切制造之母。装备工业本身的设备技术、基础零部件支撑着体育用品制造产品和装备设计、制造全过程，决定体育用品制造业整体技术水平和发展后劲[1]。发达国家体育用品制造业先后经历了手工制作、流水线制造、自动化制造、柔性自动化、集成化制造和敏捷化制造阶段，对装备工业本身素质和设备技术、零部件等基础性机械、基础零部件的重视，使发达国家体育用品制造业拥有各种更先进的高质量设备技术和基础零部件，生产出各种高质量的体育用品。自20世纪80年代以来，随着计算机广泛应用于现代制造业，发达国家注重提升以体育用品制造业基础机械、基础零部件为重点的装备工业技术发展战略，利用体育用品制造装备的最新研究成果，通过计算机技术与科学、人工智能科学等有机集成，获得先进的智能制造技术与系统，以保持它们在国际上所拥有的优势地位。如计算机信息技术向体育领域的延伸交叉，体育用品企业间的竞争逐步从体育装备工业领域转移到高科技电子技术领域。阿迪

---

[1] 杜晓君，张序晶. 发达国家制造业高技术化的国际经验[J]. 中国科技论坛，2003，18（4）：116-119.

达斯公司体育器材用品和场地设施都融入了电子科技的元素，用计算机三维成像追踪技术（鹰眼技术）、运动鞋与传感器结合来检测运动者运动负荷及身体生理指标等，积极将产品专利技术重心转向计算机控制、仪器测量和通信技术等领域。目前发达国家已形成以运动鞋、服装和体育器械的聚合物材料和设计等技术集群，以及计算机通信电子技术集群。

二、开发先进制造技术，抢占体育用品制造业服务化制高点

近年来，发达国家都在进行制造业发展模式的创新，重振制造业回归战略。制造业是国家综合国力的基础产业，是国民经济的"引擎"。发达国家根据先进制造业技术发展趋势和本国的技术基础，采取各种措施加速用先进技术对制造业进行提升和改造，发展先进制造技术被提升为国家战略目标。如德国"工业4.0"战略计划，美国大力推行"制造业回归"国策，英国推出"高价值制造"战略，日本实施"产业振兴"战略等。发达国家积极利用智能制造、大数据技术等现代科技为制造基础升级，旨在抢占制造业服务化的技术制高点和竞争新优势。2016年，阿迪达斯公司与德国自动化公司Oechsler Motion合作，在德国安斯巴赫市开设了第一家高科技"机器人"工厂——Speedfactory，通过被称为"快速工厂"的全自动机器人智能工厂生产鞋类产品。此外，阿迪达斯还以信息物理系统（cyber-physical system，CPS）为契机，通过物联网和服务网的应用，使体育用品制造业生产由集中式控制模式向分散式增强型控制模式转变，从而建立起一个高度灵活的个性化和数字化产品与服务生产模式。其智能制造行业涉及工业机器人控制技术、机器人动力学及仿真、模块化程序设计、机器视觉、智能测量、工厂自动化等多项技术领域，集精密化、柔性化、智能化的各类先进制造技术于一体，集中并融合了多项学科，技术密集程度高，跨领域应用综合性强，促成传统体育用品制造业价值链的转变和服务化新商业模式的涌现，抢占体育用品制造业服务化制高点。

三、制定实施科技研发创新战略，加强体育用品产学研官联合攻关

为抢占高科技制高点，增加产业竞争力，发达国家纷纷制定创新战略，增强科技与产业间的协作能力，推动制造业关键技术的攻关。科技研发创新战略的制定与实施一般由各国政府部门牵头负责，集中优势，目标明确，产学研

联合攻关。2010年，德国政府推出《高科技战略2020》，为交叉领域的科技研发提供150亿欧元资金支持，扩大科技研发在制造业的广泛应用，德国还积极打造创新平台，加强政产学研用协同合作，夯实制造业的技术创新。德国体育品牌阿迪达斯公司不断加强体育用品产学研官联合攻关，拥有多项业界领先科技创新的核心研发技术。2017年，阿迪达斯研发费用达到峰值1.87亿欧元；2018年，研发费用达到1.53亿欧元，占净销售额的0.7%；2019年，研发费用达到1.52亿欧元，占净销售额的0.6%。阿迪达斯主要科技可分为鞋面科技（primeknit）与缓震科技（boost）两方面，由全球领先的化工公司巴斯夫创建突破性开发流程，还与德国综合、理工类大学及亥姆霍兹联合会、莱布尼茨协会等国家级研究中心及基础研究机构合作，为制造业产业提供基础支撑，提高企业的研发效率，构建强大的技术壁垒。

四、打造体育用品制造业产业互联网，赢得竞争优势

发达国家对制造业信息化普遍给予高度重视，制造业的信息化已经成为用信息技术改造传统制造业、赢得竞争优势的重大战略举措[1]。产业互联网是以互联网为产业发展的新型基础设施和创新要素，以新一代信息技术和智能技术应用为突破口，形成的网络化、协同化、实时化和智能化的产业生态体系。如美国的"工业互联网"、德国的"工业4.0"、日本的"工业4.1J"、韩国的"制造业创新3.0"等。国际上一些发达工业国家主要是从体育用品制造业产业的角度，利用互联网与产业融合的世界领先地位，在大型体育用品制造业企业方面应用数字制造、智能制造等先进制造技术，集成信息物理系统、大数据、物联网等信息技术，实现工业生产领域的互联化、实时化和智能化。随着电子商务、网络众包等直接面对消费者的消费互联网与产业互联网应用于体育用品制造业企业的营销网络，消费者也积极参与到众包、众筹、互联制造等全产业链中。任何体育用品企业都可能直接面对消费者，消费端和产业端将融合贯通，推动体育用品制造产业与互联网的融合发展，倒逼体育用品制造业企业转型与发展，以互联网思维和技术应用为契机，建立智能化生产体系、个性化服务体系、社会化协同体系，形成需求集聚、部分定制、全链集成等制造与服务融合模式，赢得竞争优势。

---

[1] 杜晓君，张序晶. 发达国家制造业高技术化的国际经验[J]. 中国科技论坛，2003，18（4）：116-119.

五、创新体育用品制造业服务化模式，引领全球体育用品制造业服务化发展

世界各国对现代制造模式展开了广泛深入的研究，其中最具代表性的有美国人提出的精益思维（LT）、敏捷制造（AM）、知识网络化企业（KNE）和网络联盟企业；日本人提出的全能制造系统（HMS）；德国人尝试的改变工业组织结构的分形企业（FE）等[1]。这些现代制造模式的研究和示范，使制造业的运行方式发生了巨大的变化，制造业柔性化、集成化、智能化及网络化等服务化模式成为全球体育用品制造业价值链的重要增值点和全球体育产业高端化竞争的焦点，越来越多的体育用品制造业企业逐步转变为某种意义上的服务型企业或以向制造业企业提供制造服务为核心竞争力的服务供应商。体育用品制造业企业通过体育产品与服务组合形成差异化，为用户提供一整套的产品服务系统，开创新的利润空间，延长了体育用品制造业的产业价值链，使产品价值实现的关键转为产业价值链两端的服务环节。如耐克公司采取虚拟化生产，所有制鞋材料全部由其他厂商提供，总部只提供生产设备和制作工艺。通过全球性的市场营销组织机构提高市场占有率，加大新产品的研发、品牌管理力度，做好战略控制和营销推广服务，利用智能制造、大数据技术、互联网技术、电子商务等快速实现体育用品制造业的服务化升级，逐步成为提供研发、设计、品牌营销等一系列服务的全球著名跨国企业和"产品+服务"系统解决方案提供商，增强了体育用品制造业的竞争力，继续引领全球体育用品制造业的发展。

---

[1] 杜晓君，张序晶. 发达国家制造业高技术化的国际经验[J]. 中国科技论坛，2003，18（4）：116-119.

第八章
中国体育用品制造业服务化推进路径的典型案例

随着体育用品制造业服务化进程的推进，一批具有典型代表性的服务化转型发展较成功的企业逐渐涌现。深入分析"安踏体育"、泰山器材企业和九日山公司等一批具有代表性的体育用品制造业企业服务化发展的实践探索，剖析典型案例在转型中基本要素的改变及创新，以期对我国体育用品制造业企业服务化发展提供理论和实践支持。

第一节 "安踏体育"服务化路径与实践探索

一、安踏集团的基本情况

安踏体育用品有限公司成立于1994年，2007年在香港成功挂牌上市，主要负责开发、设计、制造和销售运动鞋及服装。目前，安踏体育用品有限公司在国内拥有8000多家特许零售门市，已成为中国最大的综合体育用品品牌公司之一，销售业绩位居同行业首位。在国际舞台上，安踏已进入东欧、东南亚、中东及南美等20个国家和地区。

近年来，安踏通过经营战略的调整、商业运行模式的创新等途径，扩大了市场份额，取得了显著的经济效益。2014年底，安踏营业收入达89.23亿元人民币，远超李宁公司，跃居体育用品行业排行榜首位；2015年，实现营收111.26亿元人民币，首次冲破百亿人民币大关，成为中国首家进入百亿俱乐部的运动品企业[1];在2016年国内上市服装集团市值100强的排行榜上位居第二;2017年,凭借其优异的业绩表现和巨大的发展潜力入选彭博智库"2017年最值得关注公司";随着中国疫情的有效控制,内循环的良好趋势,国内体育用品品牌各项销售得到回报。再从"棉花事件"到"鸿星尔克出圈"等,国潮的热情不断被点燃,市场的需求不断向国货倾斜。2020年,安踏净利超越阿迪达斯(中国);2021年上半年,公司实现营收228.1亿元,营收首次超过阿迪达斯(中国)(182.98亿元),与耐克(中国)(273.4亿元)的差距显著缩小,且连续9年坐稳国内行业头把交椅榜单。

二、安踏的服务型制造转型路径与实践

2008年北京奥运会后,在体育用品业对市场过高预估的情况下,进行的粗放的"跑马圈地"式扩张直接导致了库存高,关店潮开始上演并蔓延,安踏也开始出现负增长。为消化库存和降低运营成本,2012年,各企业纷纷吹响转型的号角。在此危机中,安踏高管意识到传统的经营模式已不能适应市场需求,安踏需要创新并开始其服务型制造的转型,从战略目标定位、新技术开发、顾客价值导向等方面踏上了企业产品溯源化旅程。通过知识资源共享、高质量人才驱动、产品服务协同等方面实现了产品服务化的转型。

(一)产品溯源化

安踏凭借晋江优越的地理位置和特殊市情,在着力开拓国内市场分销渠道的同时,还承接了海外订单,短短几年就从成立之初的制鞋小作坊摇身一变成为在国内外拥有近8000家体育用品专卖店的大型公司。但随着行业内竞争的日趋激烈,其通过产品差异化创造利润的空间越来越小,企业管理层开始了转型的战略思考。在创办人的战略指导下,企业提出"打通上游产业链"的战略部署,以现有的核心产业为基础,向价值链上游延伸,通过创办自己的工厂及与可靠的供应商合作,挖掘并开发新技术来提供物美价廉的产品满足顾客需要,从而实现了"产品溯源化"的转型和价值链向微笑曲线上游整合(图8-1)。研究发现,在此过程中,驱动其路径成功转型的关键要素有以下几个:

---

[1] 搜狐网. CNBC:安踏多品牌战略打造世界级体育用品集团[EB/OL].(2016-08-10)[2016-12-15]. https://www.sohu.com/a/109935078_114984.

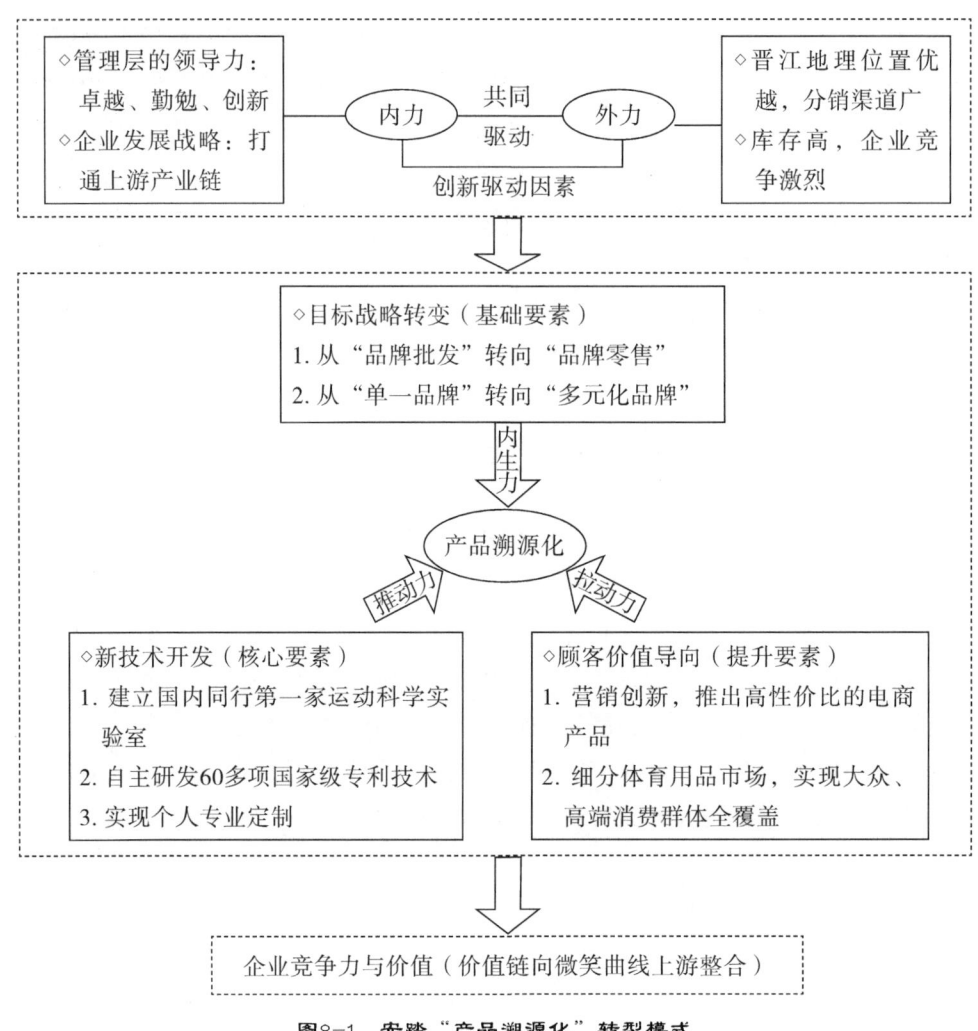

```
┌─────────────────────────────────────────────────────────────────────┐
│ ◇管理层的领导力：        ┌──┐  共同  ┌──┐   ◇晋江地理位置优    │
│   卓越、勤勉、创新       │内力│ 驱动  │外力│    越，分销渠道广    │
│ ◇企业发展战略：打        └──┘        └──┘   ◇库存高，企业竞    │
│   通上游产业链              创新驱动因素           争激烈          │
└─────────────────────────────────────────────────────────────────────┘
                                   ⇩
        ┌──────────────────────────────────────────────┐
        │ ◇目标战略转变（基础要素）                    │
        │ 1. 从"品牌批发"转向"品牌零售"                │
        │ 2. 从"单一品牌"转向"多元化品牌"              │
        └──────────────────────────────────────────────┘
                          ⇩ 内生力
                     ┌─────────┐
                     │产品溯源化│
                     └─────────┘
                  推动力 ↙    ↘ 拉动力
┌───────────────────────────┐  ┌───────────────────────────┐
│ ◇新技术开发（核心要素）   │  │ ◇顾客价值导向（提升要素） │
│ 1. 建立国内同行第一家运动 │  │ 1. 营销创新，推出高性价比的电商│
│    科学实验室             │  │    产品                   │
│ 2. 自主研发60多项国家级专 │  │ 2. 细分体育用品市场，实现大众、│
│    利技术                 │  │    高端消费群体全覆盖     │
│ 3. 实现个人专业定制       │  │                           │
└───────────────────────────┘  └───────────────────────────┘
                                   ⇩
        ┌──────────────────────────────────────────────┐
        │ 企业竞争力与价值（价值链向微笑曲线上游整合）  │
        └──────────────────────────────────────────────┘
```

图8-1 安踏"产品溯源化"转型模式

1. 战略转变

该价值基础要素构成产品溯源化转型的内生动力。安踏的战略转变主要包括以下两方面：

（1）从"品牌批发"转向"品牌零售"，即零售转型策略。2012年，安踏以零售为导向，开展了柔性化供应链和企业文化构建、管理效率提升、库存合理管控、销售渠道优化等全方位的转型升级[1]。利用企业资源计划（Enterprise Resource Planning，ERP）系统收集时效性的数据，为零售商的订

---

[1] 搜狐网. CNBC：安踏多品牌战略打造世界级体育用品集团[EB/OL]. (2016-08-10)[2016-12-15]. https://www.sohu.com/a/109935078_114984.

货、销售情况及库存水平提供相应的指导和监测，并通过一系列的零售折扣政策来提高经销商的竞争和盈利能力。

（2）从"单一品牌"向"多元化品牌"策略转变。在政策支持社会健康意识提升的背景下，公司推出了"单聚焦、多品牌、全渠道"的经营策略，并为此兴建了自动化物流中心以提升发货速度，应对日益增长的市场需求。在2009年，安踏收购了意大利运动品牌FILA，提升了区域品牌影响力和市场占有率，带动了区域品牌集聚。此外，从2016年2月起，安踏还与主营冬季运动产品及功能性产品的Descente、主打徒步和路跑的Sprandi合作，成立合资公司，并计划在中国开设100家零售店。安踏通过多品牌矩阵，实现了消费者人群结构的年轻化和多元化，带动线下线上同步快速增长。2021年，安踏品牌收益同比增长56.1%，继续夯实专业运动品牌龙头地位，获得了更持久和强劲的增长动力[1]。

2. 注重新技术的开发，推动安踏的积极转型

根据自身的发展需求，安踏在2005年斥资3000万元建立国内同行第一家运动科学实验室，自主研发60多项国家级专利技术。所研发的A-Form足弓科技、适足科技、双承科技、冰肤三代科技、远红外保暖科技、户外灵爪科技、运动能量科技、"芯科技"、五驱掌控科技等一系列新技术已产生了直接效益，用其生产的体育用品非常受消费者欢迎[2]。此外，在2017年3月，安踏还推出了首个国内体育用品个性化产品定制服务体系——"ANTAUNI"个人专业定制，可精确到0.1毫米，为企业创造了差异化竞争的机会，在市场上赢得了竞争优势。

3. 顾客价值导向

该价值提升要素是成功转型的拉动力，是关键因素。为了更好地提高顾客的效用，安踏通过营销创新，依托快速的供应链管理，推出高性价比和适应市场潮流的电商产品。在"双十一"期间，安踏运用了"品牌+直播"的新渠道造势，赢得了极高的关注，且上线近千款真正高性价比的新品，让利给消费者。此外，还细分了体育用品市场，从过去主要以品类，如鞋、服装作为分

---

[1] 搜狐网.CNBC：安踏奥运营销大获成功2016年中期业绩再创新高[EB/OL].（2016-08-30）[2016-12-27].https://www.sohu.com/a/112703132_1154121

[2] 殷勤.安踏：泉州传统优势产业技术创新个案研究[J].科技管理研究，2013，1（4）：19-21.

类标准，到目前以不同项目作为细分标准，如跑步、篮球、综训项目和儿童系列等。通过对不同消费群体市场的细分，实现了精准定位，从而针对性地为大众和中高端消费者提供产品和服务，最大限度满足了各阶层消费者的需求。同时，为了增加与消费者的黏度，最大限度满足消费者的消费需求，安踏的零售核心优势从价格转变为体验。为此，安踏通过大数据分析挖掘消费者的消费需求，不断优化自身的产品设计，在形象店的设计上强调专业化、年轻化、数字化。这样不仅为消费者提供好的产品，更是让消费者在购物时产生共鸣，带来舒适的体验，满足消费者对安踏品牌、文化、商品等多元价值的追求，把传统的"商店购物"转变为"体验购物"。

4. 工匠精神与企业规划是提升产品质量和长远发展的保证

当前制造业服务化虽然由关注产品向"产品+服务"及"客户+服务"等阶段发展，但产品仍然是制造企业向服务化发展的基础资源。作为国内体育品牌数一数二的安踏，之所以能得到客户的喜爱就是因为其始终将产品的质量放在首位。安踏公司的鞋子要经历4万~6万次的测试才能出产，而国家对于这项的指标要求是3万次。正是因为安踏立志要做好每双鞋子，如今安踏成为仅次于耐克、阿迪达斯、安德玛的全球第四大体育用品公司。2018年，安踏提出将二次创业，即开启"创业新10年"，未来发展将以品牌转型升级、打造有价值的企业文化、站位国际格局、不断创新为重点方向，推动企业的服务化发展。

5. 企业组织架构的改革

组织架构是企业为实现战略目标而进行的职能规划、部门分类，有机地将各个部分串联成为一个整体，明确部门、人员间的职位关系和职能分布，提高企业的生产效率、资源利用率，有利于部门、人员之间的合作和流程运转。因此，清晰的组织架构在企业向服务化转型中起着至关重要的作用。2018年，安踏为了进一步提升企业的竞争力，进行架构调整，主品牌产品已由过去只有篮球独立事业部增加为综训、跑步、运动生活三大独立事业部。各个事业部从原料采购、成本核算、产品设计，到产品销售等职能都可以独立完成，改变以往企业战略规划、研发设计、营销推广相脱钩的现象，实现从前端的商品企划、品牌推广，到终端零售，从产品诞生到终端落地，闭环打通，提升了产品的竞争力。经过调整的架构优势在安踏的联名款中凸显出来。2018年，安踏联合美国航天局推出NASA主题系列产品，限量发售10000双，不到两个小时就被抢购一空；2019年上半年，安踏四大品类协同联动，与漫威、可口可乐、故宫、冬季奥林匹克运动会跨界合作，推出多款热销产品，得到市场的积极反响，线上线下的产品都被一抢而空。

（二）产品服务化

在产品溯源化转型路径成功之后，安踏继续在其核心业务的基础上进行价值链的整合。2008年，金融危机和宏观经济不景气给国内的实体企业带来了一定的冲击，一直以来占据国内体育用品业头把交椅的巨头李宁公司也因此跌入低谷，面临着连续多年亏空的困境。然而，此背景对安踏的影响并不大，反而给安踏带来了新的机遇。其原因是安踏在第一阶段把价值链上游整合进企业内部之后，又进一步提出"深挖价值链下游，打造完整产业链"的战略决策，向产业链后端延展，实现了向"产品服务化"的升级（图8-2）。

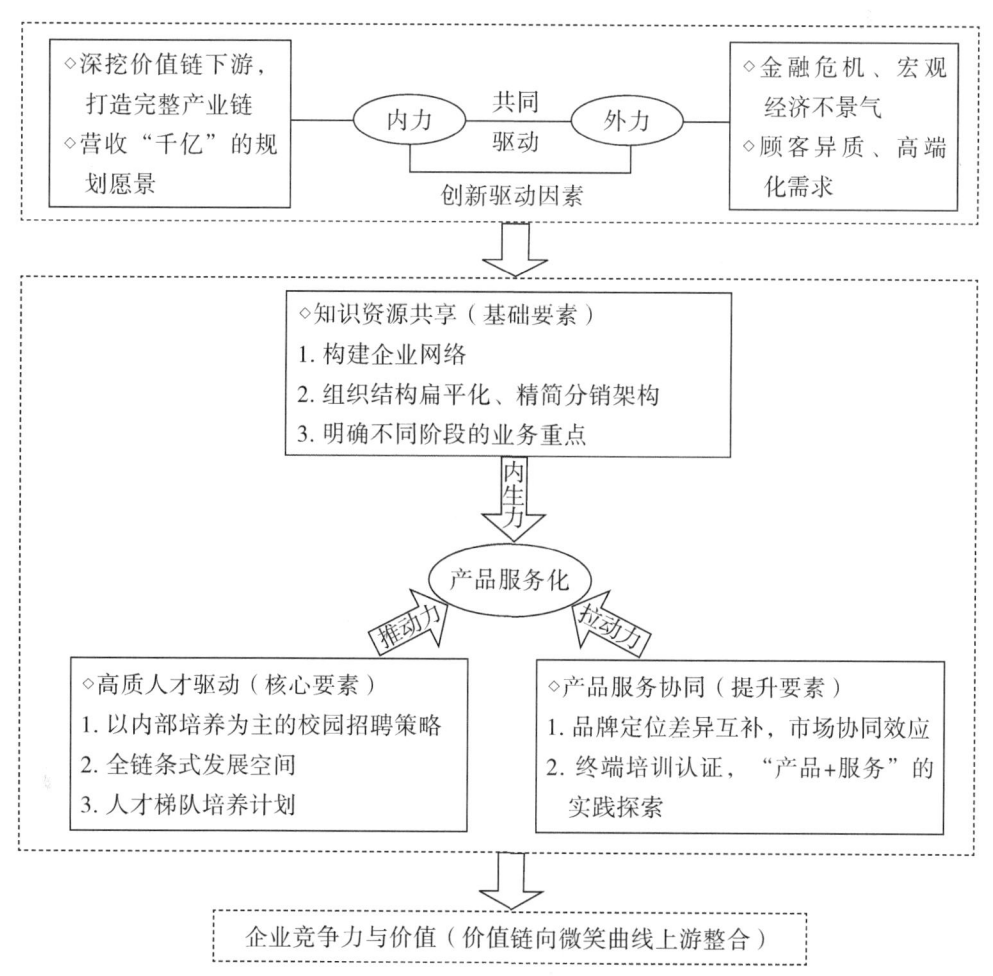

图8-2 安踏"产品服务化"转型模式

研究发现,在此阶段中,安踏企业转型成功的关键要素有以下3个:

1. 知识资源共享

该要素是服务型制造转型过程的内生力,安踏围绕其核心业务,通过对产品流、信息流、服务流、价值流的控制,运用社会资源实现能力集聚,提供创新性的产品服务系统和解决方案,实现了从单一的制造业生产模式向网式、群式的服务型制造模式转变。在这一过程中,安踏通过4种合作渠道实现知识资源共享。

①与供应商战略合作。安踏帮助产业链上游供应商建立实验室,并派出专门技术人员指导研发、设计、设备选择等方面的工作。此外,安踏公司还与供应商联合参与某些前沿技术的研发,并得到了丰厚的技术回馈,如著名的弹力胶材料技术。

②与重点客户战略合作。2014年,安踏正式成为NBA官方市场合作伙伴及NBA授权商,推出全系列的、带有球队和联盟标志的安踏—NBA联名品牌运动鞋和配件产品。此外,安踏还与中国奥林匹克委员会和中国体育代表团、中国水上运动队等建立了战略伙伴关系。

③与社会科研机构战略合作。安踏成立了运动科学实验室并与欧洲著名的运动鞋研发机构——比利时Rscan公司、国家鞋类检测中心以及国内多所大学(如北京体育大学、宁波大学体育学院、陕西科技大学、西安工程大学等)共同开展了鞋类舒适性评价的研究项目的合作,达成了研究生工作站等协议[1]。

④与知名科技集团战略合作。安踏在2016年启动了智能科技规划,与富士康合作推出安踏跑步App及安踏智能跑鞋,独创6位步态跟踪系统,全方位精准监控跑者的跑步姿态,降低跑者受伤概率,提升用户的跑步体验[2]。"智能装备+App"模式使跑步的科学指导、实时监控和成绩分享得以真正实现。以安踏为核心的服务制造网络中,上游与供应商、下游与客户构成了纵向链式结构;与社会科研机构、知名科技集团形成横向链式结构,并运用其所在商业生态环境中从核心到外围的关键资源形成网式、群式价值结构。在新技术开发、产品的生产定制、质量提升与保证等领域的协同更紧密,实现了高质量、

---

[1] 中国鞋网. 解析:安踏如何利用技术创新推动产业转型升级?[EB/OL].(2015-05-05)
[2016-11-21]. http://www.cnxz.cn/anta-brand/news_view/198053-334683.html

[2] 中国轻工业网. 逆袭为国产运动品牌老大 解析安踏的营销套路[EB/OL].(2016-09-18)
[2016-10-15]. http://www.clii.com.cn/zhhylmhyzmgy/201609/t20160918_3897638.html

低成本、集成化的产品服务系统的准时交付，打造了安踏灵敏的市场反应能力和优质的服务效率（图8-3）。

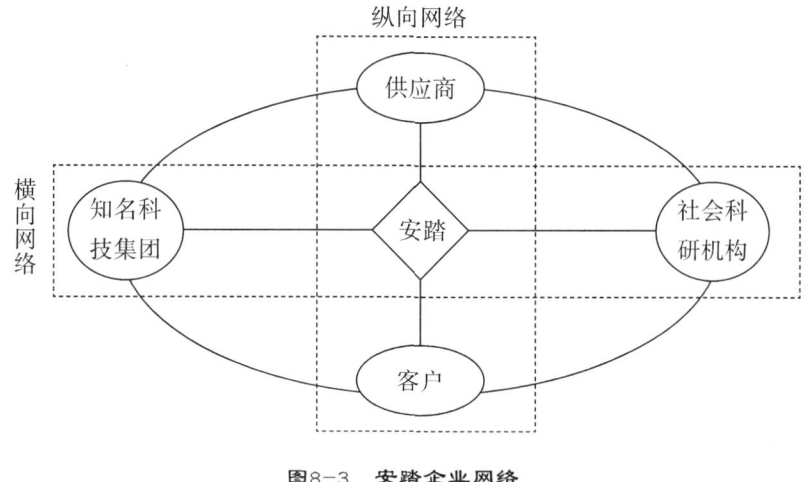

图8-3 安踏企业网络

同时，为降低企业成本和提高决策效率，安踏的组织结构不断实现扁平化，实施精简的分销架构。首先，在供应链管理上，为更大程度地满足产品差异化和当季主推产品的市场需求，安踏加强了供应链管理及补货的弹性和效率，并根据不同的发展阶段，明确自身业务重点，有效发挥自身核心能力，为服务型制造的顺利转型提供有力的支撑。其次是高质量人才的驱动，这是转型的推动力。一是在人员招聘上，安踏改变从其他优秀企业引进成熟人才的传统的社会招聘方式，转而进行大规模的校园招聘，内部培养人才。作为企业发展的主力军，年轻的员工为企业注入了新的活力。二是通过招兵买马和加大投入来完善自身的研发团队。安踏在美国、日本、韩国等地设立了多个研发设计机构，在运动生物力学、人体力学、材料学等多个科研领域均有深入布局，每个领域的研发主管均有超过10年的从业经历，引入了大量国际化人才、先进的机制、流程与文化。

2. 为员工提供全链条式的发展空间

垂直整合式的供应链模式、工厂、品牌和分销零售部门的自运营为员工提供全链条式的发展空间。例如，其中一个公司增长最快的板块电子商务的发展使新生代员工的能力得到了施展和发挥，工作热情也被极大地激发。此外，安踏还制订了人才梯队培养计划等一系列员工成长和晋升方案，员工只需通过努力工作便可获得公平晋升的机会。现安踏大部分的总监、经理等职位都是通过内部竞聘晋升[1]。安踏凭借其优秀的人力资源管理，实现了人力资源的真正价值。

3. 实现产品服务协同，为成功转型提供拉动力

产品服务协同是指生产企业所提供的服务与其核心业务有较高的关联度。高关联性使知识资源能更容易地流动到服务活动中，从而降低成本、减少风险、提高效益。同时，产品与服务的兼容、互补程度也影响着顾客和供应商对企业的态度和忠诚度。安踏于2009年收购的定位于高端运动时尚品牌的意大利运动品牌FILA，与安踏的大众专业运动定位形成差异互补，在市场上形成协同效应。此外，安踏在2016年对全国3000余名终端店长进行培训认证，从服务意识、运营管理、创新意识方面提供具有特色的"产品+服务"实践探索，实现了价值链后端延展，以及向"产品服务化"的转型。

（三）基于服务创新的制造企业路径转型模型

通过对收集到的一、二手资料的整理分析，可以看出，战略目标定位、新技术开发、顾客主导逻辑、知识资源共享、高质量人才驱动、产品服务协同是安踏成功转型的6个关键要素。综合上述安踏向价值链上游整合的"产品溯源化"及向价值链下游整合的"产品服务化"的两条转型路径，可以归纳出产品制造企业通过服务性生产和生产性服务实现转型升级的模式（图8-4）。即从核心业务出发，向上游追溯产品创新的源头，同时向价值链下游延展提供更多元化的产品，从而实现了产品价值链向"微笑曲线"两端延伸。

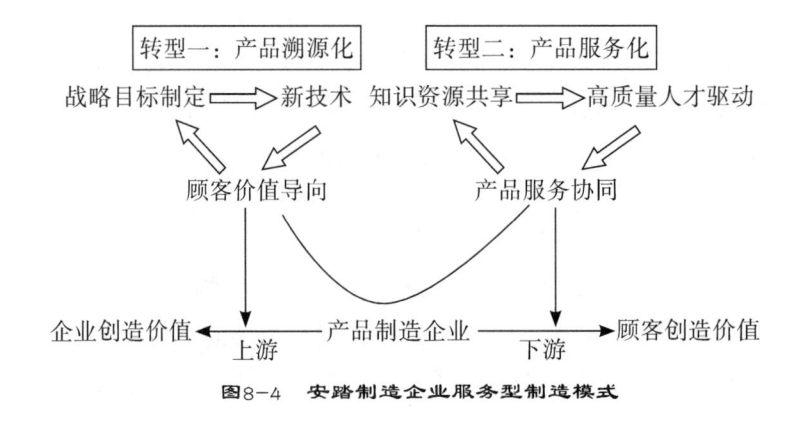

图8-4 安踏制造企业服务型制造模式

---

[1] 行业资讯网．安踏：懂业务的HR才能爆发洪荒之力［EB/OL］．（2017-01-05）［2019-06-06］．https://v.233.com/news/detail/70308．

第二节 中小格斗用品制造业企业服务化推进路径与实践探索

一、中小格斗用品制造业企业服务化发展现状

格斗运动分为徒手格斗和持器械格斗，本研究以徒手格斗运动为主。中小格斗用品制造业是体育用品制造业的一个重要分支。近年来，格斗赛事得到良好推广（如UFC、MMA、K1、昆仑决等），其精彩、刺激、不确定性的场面和攻防动作体现防身的技术，刺激着人们的神经，受到越来越多的人喜欢。格斗用品的需求量也随之增加，促进了中小格斗用品制造业的发展。通过学校图书馆、中国知网、谷歌学术等收集、整理与格斗用品、格斗、格斗产业、格斗用品制造业服务化等相关的文献资料，并通过实地到访企业取得第一手资料，整理后发现：①当前学术界对格斗的概念、运动特性、赛事、健身训练课程产品等方面有较多研究，但是对中小格斗用品制造业的研究较为鲜见。而以格斗用品制造业为研究对象，研究其服务化路径的，还未有人提出；②中小格斗制造业存在规模小、研发能力不足、品牌影响力低等问题。

二、中小格斗用品制造业企业服务化发展的推进路径

（一）下游价值链服务化路径

随着社会竞争日益激烈，中小格斗用品制造业企业的竞争逐渐由产品转向"产品+服务"。传统中小格斗用品制造业仅提供产品已无法满足消费者个性化和多样化的需求，无法适应社会发展的需要，服务化转型是其更好适应社会发展的重要选择。中小格斗用品制造业向下游价值链服务化转化，主要是在原先格斗用品的基础上塑造格斗用品品牌、拓宽营销渠道和提升售后服务等，从而实现中小格斗用品制造业下游价值链服务化。中小格斗用品制造业企业通过品牌的塑造、营销渠道的创新和售后服务的提升，实现下游价值链的升级，能够满足当前人们对美好生活向往的需求，以及对格斗用品附加服务的需要。然

而，中小格斗用品制造业企业在发展中依然存在格斗用品产能过剩、同质化现象严重和品牌知名度低等问题。下游价值链服务化是以产品为基础，通过转变传统中小格斗用品制造业的营销方式、塑造自主品牌，以及进行营销创新等，能够促使中小格斗用品制造业企业获得差异化竞争优势，为中小格斗用品制造业企业创造更多利润。中小格斗用品制造业企业通过向价值链下游服务环节延伸，来增加产品的附加价值，此路径对迫切需要转型的中小格斗用品制造业企业来说，实施起来比较容易，不用承担太大风险，投入资金较少，对企业要求不高。

1. 拓宽格斗用品营销渠道，转变营销方式

随着商业核心竞争的转变，中小格斗用品制造业要想在同行企业中获得竞争优势，就必须改变传统的单一营销模式，拓宽格斗用品的营销渠道，转变营销方式。近年来，互联网技术的发展突飞猛进，尤其是5G技术的应用，为消费者创造了更加便捷的消费方式，给中小格斗用品制造业的产品营销创造了良好的环境。中小格斗用品制造业可以依托"互联网+"平台拓宽营销渠道，积极开展线上销售，建立咨询服务。同时，运用"互联网+"平台（云计算、大数据等）收集客户反馈信息，通过数据分析挖掘客户的真正需求，从而帮助中小格斗用品制造业的企业了解客户，进而不断优化自身的产品设计。具体的渠道有：①运用天猫、京东、阿里巴巴、微信、微博等平台建立线上销售渠道；②利用线上"品牌+直播"的形式进行产品销售，展示企业格斗用品的特性，吸引消费者注意力，引发消费者购买欲望，推广企业品牌，促进产品销售；③利用线下实体店的体验和线上销售相结合的方式进行格斗用品营销。

中小格斗用品制造业企业在进行格斗用品生产制作过程中，要始终以消费者的需要作为企业的出发点，明确市场需求，制造符合消费者消费倾向，易于营销的格斗用品。同时，中小格斗用品制造业企业要善于运用互联网技术，针对不同类型的格斗用品应采取不同的营销方式，并制定出符合企业发展的营销策略。因此，合理的营销方式，有利于格斗用品制造业企业吸引顾客的眼球，增加格斗用品与消费者间的黏性，占领格斗用品更多市场，促进格斗用品制造业企业更好发展，为企业获取更多效益。

2. 推进格斗用品品牌化建设，树立良好品牌形象

品牌作为企业产品增值的一种无形资产，其影响力对企业获取差异化竞争

具有凸显作用。当前虽然有少数中小格斗用品制造业企业加大了对品牌建设的投入，利用互联网或新媒体推广了企业品牌，使格斗用品消费者更快、更详细地了解到其企业的产品，大幅度提升了格斗用品品牌的知名度和美誉度，树立了格斗用品品牌的形象，提高了格斗用品的市场占有率，为格斗用品制造业企业更好地发展赢得了市场。但是，中小格斗用品制造业企业面临着产品同质化的问题，生产的格斗用品属于有形产品，易被模仿，很难与同行企业形成差异化竞争。

因此，中小格斗用品制造业企业应大力发展企业自主品牌，运用互联网信息平台宣传其格斗用品品牌，增加其品牌的宣传力度，扩大品牌的知名度。或通过赞助一些大型的格斗赛事或娱乐节目推广企业品牌，以格斗用品的品质和服务为赛事提供高质量产品和完善的售后服务体验，让更多的格斗运动员和消费者了解其品牌，为格斗用品制造业企业树立良好的品牌形象，从而推动中小格斗用品制造业更好的发展。如九日山、泰山、五龙和康瑞等格斗用品制造业企业通过赞助大型国内外格斗赛事或综艺节目，推广了企业的自主品牌，让更多的格斗用品消费者了解了其格斗用品品牌，提升了格斗用品消费者对其品牌的认识，增加了企业品牌的美誉度，树立了良好的品牌形象，使品牌得到了消费者的认可，为企业带来了更多忠实顾客。

3. 以顾客为中心，提升售后服务体系

中小格斗用品制造业企业向下游价值链服务环节延伸，要注重格斗用品的售后服务建设，始终以顾客需求为中心，提升售后服务的质量。完善的售后服务能够增强格斗用品消费者购买产品的信心，有效降低格斗用品消费者购买时的顾虑。随着居民生活水平的大幅度提高，信息技术快速的发展，越来越多的格斗用品消费者利用互联网购物。与此同时，消费者的消费观念发生了转变，不仅仅关注产品的质量，还更多倾向于关注产品购买后的售后服务。优质的售后服务能够影响消费者的抉择，在格斗用品质量价格相同的情况下，谁的售后服务好，顾客选择购买的产品概率就会更高。对于中小格斗用品制造业而言，要以格斗用品消费者的需求为中心，提供完善的售后服务有利于其企业品牌的推广，增强企业在同行企业的竞争力。然而，格斗运动的特殊性决定了格斗用品生产制作的不同，以及其服务化的不同，企业为顾客提供的产品除要具有外观优美、品质高的特点，还要具有抗击性、安全性、迅速还原性等特点。如今高质量的产品及完善的售后服务是当前顾客的首选。所以，中小格斗用品制造业要不断提高和完善格斗用品售后服务体系，真正做到为顾客服务，满足消费

者的需求，树立良好的消费体验，从而得到顾客的认可，实现持续的产品供应和合作。

（二）上游价值链服务化路径

在经济新常态下，国民经济水平普遍提高，消费者对格斗用品的消费观念已发生转变，越来越多的消费者对格斗用品的功能、技术含量和外观设计等更为重视，多样化、个性化和定制化的格斗用品逐渐成为消费者购买的倾向。中小格斗用品制造业向服务化转型能够满足消费者对价值链上游服务的需求，而企业竞争力作为中小格斗用品制造业服务化的重要因素，中心度值最大，对促进中小格斗用品制造业服务化具有重要的推动作用。而企业人才资源投入、信息技术投入、企业创新能力、企业规模也作为中心度中中小格斗用品制造业服务化的重要因素。所以中小格斗用品制造业向高端服务环节延伸的同时要注重这些因素，提高格斗用品的品质，增加格斗用品的附加功能，实现格斗用品高质量发展，满足消费者对格斗用品高标准、安全、耐用、舒适和美观的需求，实现中小格斗用品制造业服务化发展。由于传统的中小格斗用品制造业企业所研发设计的产品科技含量低、易被模仿，所以很难得到消费者的青睐。向上游价值链服务环节延伸能够提高产品的科技含量，增加产品的附加功能，形成差异化竞争优势，摆脱同质化困境，实现格斗用品制造企业由制造向创造、智造的转变，满足格斗用品消费者的不同需求，为中小格斗用品制造业向价值链更高层服务环节发展提供科技技术上的支持。

中小格斗用品制造业上游价值链服务化相比于下游价值链服务化，实施起来要困难，对于规模小、资金不足、高素质专业人才缺乏的中小格斗用品制造业，不建议向上游价值链服务环节转化。中小格斗用品制造业向上游价值链服务环节转化，主要是通过提高企业的研发设计能力，增加产品科技含量及附加功能，提升产品的外观设计等，使其更加符合格斗用品消费者需求。该路径适合具备一定经验、资金基础、科技创新能力的中小格斗用品制造业。

1. 增强科技创新，提升格斗用品品质

近年来，一些中小格斗用品制造业企业加大了对科技创新的投入，积极引进高素质科研人才和高新技术，增加了对格斗用品新材料的研发力度，通过技术创新提升格斗用品的品质，创造了具有高品质、功能齐全、外观优美的格斗用品，实现了格斗用品高质量发展，满足了新时代不同格斗用品消费

者多样化的需求，提升了消费者对格斗用品品牌的认同。如一些中小格斗用品制造业企业研发的新型竞技运动保护装备，采用新的技术与材料制成，与传统竞技运动保护装备相比，装备功能更强、保护性能较好、穿戴起来舒适轻便，能够有效保护穿戴者的安全，减少运动员激烈对抗对身体造成的伤害。同时，智能训练考评抱靶的研发生产，极大降低了评判的误差，在训练中运用该靶能够更加精准测试自身力量差异，从而有针对性的进行力量训练。同时该抱靶的设计对于持靶者而言能更加稳定地抓握抱靶，降低测评结果的误差，有利于格斗运动者进行力量考评测试。通过增加科研投入和增强科技创新，提高格斗用品品质，增加产品的附加价值，能够延伸格斗产品的功能，提升格斗用品品牌的美誉度，赢得消费者的认可，为中小格斗用品制造业拓展市场空间。

2. 提高自主研发能力，增强企业核心竞争力

当前，中小格斗用品制造业企业大多数位于价值链低端环节，研发创新能力不足、产品异质性少，很难制造出具有差异化的产品而获得竞争优势。中小格斗用品制造业进行自主产品的研发设计，可以与同行企业形成差异化竞争，减少产品的同质化现象，有效提升企业的核心竞争力。如一些中小格斗用品制造业企业研发的柔道垫架，由EVA新材料构成，具有较好的减震和吸震作用，能够较好地避免柔道训练者在训练时受伤。垫架是由多个垫板拼接而成的，易于搬运和移动。柔道运动员在训练大腰时，会使用腰背，将对方背到背上摔下去，若柔道垫的减震不好，很有可能对运动员造成严重的身体伤害。此时柔道垫架的使用可以较好的起到保护作用，降低柔道运动员受伤几率。一些中小格斗用品制造业企业新研发的格斗综合擂台，与传统的格斗擂台相比，不仅采用环保无毒、易回收的材料，在功能上也区别于传统格斗擂台，该擂台易于拆卸，既能够用作散打擂台又可以用作拳击擂台，有效地提高了格斗用品的利用率，节省了空间。因此，中小格斗用品制造业要大力引进科研技术人才，加强企业格斗用品专业技术人才和营销人才的培养，并运用互联网提供的优质课程对不同部门的人员按期进行培训，提升企业员工的整体素质。与此同时，企业要积极响应国家政策，与科研机构及高等科研院校进行合作，建立科研基地，构建产学研一体化的合作体系，为提高中小格斗用品制造业企业的自主研发能力创造良好的条件。通过提高企业的自主研发能力，设计出新的格斗用品，不仅符合当今社会发展需要，能够有效满足格斗用品消费者的需求，增强中小格斗用品制造业企业的竞争力，而且

有利于格斗用品制造业树立其自主品牌的特色，吸引更多的格斗用品消费者购买其企业的产品。

（三）中游价值链服务化路径

中小格斗用品制造业中游价值链服务化阶段主要从事产品的生产制造，为用户提供高质量的产品及简单的售后服务。所以，对于一些中小格斗用品制造业企业，在生产制造过程中，要严格把控格斗用品的质量，努力提高产品品质。同时，企业管理层、车间管理人员及产品的制造人员等都要始终树立质量第一的理念，将产品的质量放在第一位。此外质量检测人员也要严格遵守国家质量检测标准，对中小格斗用品制造业企业制造出的每一件产品进行检验，对未达到标准的产品进行返工。中小格斗用品制造业企业通过增强产品的生产制造环节，加大产品标准的监管力度，提升企业人员的整体素质，加强中端产品的质量，从而实现格斗产品标准化生产。中小格斗用品制造业企业要善于运用数字化信息化技术，加强与上下游环节的联系，及时收集消费者反馈信息，生产制造出符合消费者需求的高品质、高标准的格斗用品。中小格斗用品制造业企业中游价值链服务化路径实行起来比较容易，该路径适合刚起步的格斗用品制造业，风险小、易实施、投资少，能够在短时间内为公司赚取利润。

（四）完全去制造化路径

随着我国经济迅速的发展，市场竞争日益激烈，产业分工逐渐细化，企业逐渐将低端制造环节外包出去，仅从事具备核心竞争力的服务业务。当前，国外一些格斗用品制造业企业已实现了完全去制造化，如毒液（VENUM）、仕尔道（Throwdown）品牌企业，这些企业已将低端制造环节分离出去，并将部分设计和营销环节实现了外包，企业主要从事具有核心竞争力的业务，成功实现了产业分工。毒液（VENUM）和仕尔道（Throwdown）品牌企业实现了完全服务化，从产品提供商转变成服务提供商，通过发展技术和设计，为消费者提供服务体验，为其企业赚取了超额利润，并且其品牌得到了国内外格斗运动爱好者和职业格斗运动员的认可，占据国内外市场。像仕尔道（Throwdown）和毒液（VENUM）国外格斗用品制造业实现完全服务化的成功经验，值得借鉴。上述列举的格斗用品制造业向服务化发展，实现完全服务化的过程，其实是产业分工的高级形式。格斗用品制造业企业通过产业分工，将低端不具有竞争力的环节分离出去，仅从事高端服务业务，这正如亚当斯密在产业分工理论中所提出的一样，制造业服务化是社会分工向更深层次发展的延伸。制造业企业将低端制造环节独立出去，只从事具有研发设计、咨询、营销、售后服务等高端服务环节，能够有效增加企业的效益，节省生产成本。因此，国内已具备较强实力的中小格斗用品制造业可以借鉴国外企业成功服务化转型的发展经验，结合自身企业的实际情况，向完全服务化转型，完全脱离生产制造环节，主要从事价值链两端高附加值服务业务。此时，中小格斗用品制造业企业实现完全服务化，企业已掌握上游服务环节的核心技术，具备较强劲的科技创新能力，能够独自进行高端产品的研发设计。企业也已具备建设自主品牌、营销、售后服务等完整服务体系，拥有一批忠实的需求商，能够运用信息化技术，及时掌握市场需求和格斗用品消费者的需要，并在品牌建设和营销服务上具有丰富的经验。此路径实行起来风险较大，适合已掌握上下游服务环节的大型格斗用品制造业企业，或已具备一定服务基础的中小格斗用品制造业企业。

三、泰山器材企业服务化的推进路径

（一）企业简介

泰山器材企业位于山东省乐陵市经济技术开发区，于2010年成立，是泰山体育产业集团有限公司旗下子公司，公司注册资金5000万，拥有9家分公司，是国际、国内大型赛事的主要器材供应商，如历届全运会、大学生运动会和城运会等。该公司是一家综合体育用品制造业企业，其生产制造的产品包括拳击台、散打擂台、健身器材等。目前，泰山器材公司具备较强的科技创新能力，荣获授权专利221项，其中发明专利38项，主持和参与制定国家标准19项，器材供应和服务过的国内外大型赛事1000多次，并有100多项产品得到了国际体操联合会、柔道联合会和摔跤联合会等专项协会认证，是国内获得国际权威认证的体育器材品牌。同时，该企业凭借着CD2S大型赛事服务模式，已成为全球赛事的服务商，而且其品牌泰山被誉为"民族品牌，国人骄傲"，其公司现已成为全球体育用品制造业企业中为数不多的具备全体系、全过程、全产业链技术能力公司之一。泰山器材企业秉承给世界带来运动享受的企业宗旨，以执着、创新、忠诚、担当的核心价值观，以101%为客户提供满意的服务理念，始终专注于科技创新与产品质量，现已发展成为体育用品服务企业。

（二）泰山器材企业下游价值链服务化路径

泰山器材企业作为国内外领军企业，在下游品牌营销等服务环节具有雄厚的实力，依托CD2S模式为国内外大型赛事提供服务，以较高的服务水准为多届奥运会、全运会、大运会等提供赛事所需要的器材，并以零失误、零故障和零投诉被社会各界称为"民族品牌""中国体育产业第一品牌"。泰山器材企业通过为赛事提供高品质的产品及器材的安装和维修服务，为赛事提供了全方位的优质服务，完善的售后服务赢得了国内外消费者的认可。如在2016年里约奥运会上，泰山器材公司不仅为其赛事提供了具有高科技的产品，还为各国参赛运动员提供了专业的赛事保障和售后服务，其完善的售后服务及高质量的产品赢得了赛事举办方及参赛运动员的一致认可。在信息化时代，服务逐渐成为消费者购买产品的倾向，泰山器材企业依据科技创新和服务保障，为消费者提供高品质、高附加值的产品和完善的服务，满足了消费者对产品质量及服务的需求，增加了消费者对泰山品牌的认可度，提升了泰山品牌的美誉度，为其品牌树立了良好的形象，推动了其品牌的市场占有率，提升了品牌的知名度。表8-1是泰山体育器材服务过的大型赛事，通过为赛事提供高标准的产品和服务，赢得了赛事举办方对其品牌的高度称赞和认可。泰山器材企业始终秉承集团诚信经营的发展理念，坚持做好人品、做好产品，通过建立完善的服务体系，以过硬的产品质量和服务赢得了消费者的信赖。泰山器材企业已由传统器材的供应商转变成为全球顶级的赛事服务商，成功实现了向服务型企业的转化。

表8-1 2010—2020年泰山体育器材公司赞助的部分赛事和产品供应商

时间	地点	赛事名称
2010年	新加坡	首届青奥会
2012年	天津	第9届全国大学生运动会
2014年	苏州	世界跆拳道大赛
2014年	俄罗斯车里雅宾斯克	世界柔道锦标赛
2015年	山西	第2届全国青年运动会
2016年	里约	里约奥运会
2017年	俄罗斯克拉斯诺亚尔斯克市	第29届世界大学生运动会

（续表）

时间	地点	赛事名称
2017年	北京	国际武联2018—2021全球赞助
2018年	阿塞拜疆·巴库	世界柔道锦标赛
2018年	匈牙利·布达佩斯	世界摔跤锦标赛
2018年	阿根廷	布宜诺斯艾利斯青奥会
2019年	青岛体育中心	世界柔道大师赛
2019年	武汉	第7届世界军人运动会
2020年	达喀尔国际展览中心	非洲拳击奥运资格赛
2020年	约旦	东京奥运会拳击资格赛

（三）泰山器材企业上游价值链服务化路径

泰山器材企业是集研发、生产、销售及服务于一体的综合体育用品制造业企业，已建立了完善的数字化信息化管理平台，实现了上游价值链服务化，成为国内外体育行业的龙头企业。在上游研发阶段，泰山器材企业运用信息化数字化网络平台进行产品的可行性研究、产品的设计和市场调查等，通过了解客户需求，整合客户信息，将反馈信息发至研发团队，依据客户需求进行产品的研发设计，从而满足市场需求。泰山器材企业在上游服务化环节具有较强的科技创新能力，依托集团的研发实力与检测能力，依据客户的需求，进行产品设计与技术升级，成功研制出了中国第一块散打训练保护垫、柔道垫及摔跤垫。同时，该企业通过技术创新已实现从传统材料到碳纤维复合材料，实现了原材料的更新升级。如泰山牌散打擂台是采用优质的金属管框架结构构成，框架上的多层木板上面是由新材料PE+EVA高弹发泡，冲切公母牙拼装，台面则是采用胶面防滑可清洗PVC胶革制成，能够较好地满足散打比赛需求，其产品质量达到了奥运会的标准。另外，泰山牌跆拳道护具用品是采用优质的PU材料制成，材料与工艺都为最好，且生产的护具有轻便、坚固、防护性能好的优点，跆拳道运动员使用其护具将不会影响其技术的充分发挥。同时，该企业在柔道器材制作过程中，采用了环保材质制造，产品具有优异的防滑性和抗弯折性，能够经受10万次抗弯折疲劳测试。泰山器材企业立足于科技创新，以实力雄厚的研发团队和完整的生产线为各大赛事提供高质量的产品，实现了高品质产品的普及化，多方面满足了顾客需求。

泰山集团不断加大对比赛用品的研发力度，并在不同地区设立了研发与销售中心，通过集团的不懈努力，最终研发的产品质量得到了国际体联的专项认证，以及超过了奥运会的标准。在研发团队上，泰山体育产业集团拥有博士、硕士和工程师几十名，并与山东大学、华东理工大学、中科院形成了产学研合作体系，建立了体育研发中心，为体育新材料和体育器材的研发创造了条件。同时，泰山体育产业集团被国家发改委等五部委联合认定为国家级企业技术中心和博士后科研工作站，被工业信息化部誉为国家级工业设计中心，承担组建国家科技部全国唯一的国家体育用品工程技术研究中心。泰山器材公司依托集团优势，以及对科研创新上的大量投入，成功实现了上游产业链服务化，实现了技术的不断创新和升级，提高了产品品质，满足了客户多样化、个性化和定制化的需求，增加了产品的附加值，提高了产品品牌的影响力，形成了独特的竞争优势，并获取了服务化转型带来的超额收益。

（四）泰山器材企业中游价值链服务化路径

泰山器材企业中游价值链服务化路径具备完善的生产制造流程和优越的管理模式，能够自主生产出国际标准的格斗用品。公司具备配套齐全的生产装备，拥有XPE和粉末涂漆生产线，以及各类机械设备共153台套，同时还具备综合垫类项目的压缩机、真空机和裁断机等设备30余台套。泰山器材企业在产品生产制造过程中，从源头严格控制产品质量，通过信息化数字化系统与上游研发设计环节衔接，利用程序化、规范化、自动化、集成化的生产流程，高效保质地进行生产制造。同时，公司在产品生产制造过程中以严格的管理制度，对每一个生产制造环节都严格把控，以先进的检测装备，按照国际标准严格控制检测产品，并以创新提升和节能高效的标语贯穿于每一个生产制造环节，从而生产制造出高质量、高标准的产品。

（五）泰山器材企业完全去制造化路径

随着信息技术的快速发展，泰山器材企业已建立了完善的体育器材原料供应、生产、质量、技术、仓储、销售及售后服务为一体的数字化信息化管理平台，并成为全球少许全体系、全过程、全产业链技术能力的综合体育用品制造业企业。当前泰山器材企业已实现了上下游服务化转化，在价值链上游，泰山器材公司依托科研创新能力，研发设计具有科技含量高、功能齐全、外观美观的高质量产品，并依托企业下游价值链服务化对产品品牌进行推广，为一些大型赛事提供赛前、赛中、赛后一体化的安全保障服务，同时也为顾客提供了完备的售后服务体系。泰山体育器材公司借助数字化信息化平台将上、中、下游各环节连接在一起，形成具备全产业链的服务型企业。该企业通过不同方式收集顾客需求信息，了解顾客多样化和个性化的需求，研发设计出能够满足顾客需求的产品，并提供符合其需要的增值服务，从而为顾客提供"产品+服务"的整体解决方案。泰山器材企业现已具备完善的上下游服务，企业可以尝试将低端生产制造环节外包出去，只从事价值链两端高附加值环节，从而节约生产要素成本，增加企业收益，实现企业向完全去制造化服务环节迈入。

第三节　中小武术用品制造业企业服务化推进路径与实践探索

一、中小武术用品制造业企业服务化发展现状

中小武术用品指在武术运动和武术教学等活动中所用到的，包括武术鞋服、武术器材、武术场地、武术音像制品等在内的物品，是武术活动的产物。中小武术用品制造业被界定为把制造资料按照制造过程，转化成可供人们直接从事武术活动所需的相关武术用品的行业，主要是武术鞋服、武术器材、武术场地，不包含武术音像制品等的制造业。武术作为体育项目中独具中国特色和文化魅力的运动，深受大众喜爱。近年来，武术爱好者也随着武术运动在全球范围内的广泛开展而逐渐增多，武术用品市场需求增大，中小武术用品制造业发展迅速。中小武术用品制造业作为体育用品制造业的重要组成部分，其服务化发展不仅能加速带动武术产业整体快速发展，而且对武术运动的推广和武术文化的传播具有重要意义。孙蛟、杨少雄认为，武术行业实施服务化存在地域发展不均、理念理解不深、资源整合不利、文化彰显不足等问题。提出的对策有企业理应将制造与服务有机结合；着眼于服务需求、模块化与价值度量三维度；满足消费者与企业双向需求互动；以服务化视角实现行业组织结构升级[1]。

---

[1] 孙蛟，杨少雄. "内循环"格局下武术用品制造业服化挑战与对策[J]. 吉林体育院学报，2021，39（4）：24–30.

芦胜男、马勇志等认为，后疫情时期中国武术产业高质量发展的实现路径有坚定中华武术传承与发展的文化自信；加强我国武术公共服务供给；创新中国武术产业链；加强武术产业供给侧结构性改革；加强对武术服务业的统筹规划与监管[1]。高景昱、施文敏认为，武术产业高质量的发展路径有解放思想、发展引领；实践探索创新驱动[2]。综上所述，目前对武术用品制造业服务化的研究较少，虽有对其路径方面的研究，但也只停留在理论上，没有结合实际的案例，本研究在对中小武术用品制造业服务化结合案例分析转型的基础上总结归纳其推进的路径。

二、中小武术用品制造业服务化的推进路径

（一）中小武术用品制造业上游产业链服务化路径

随着国家不断推进创新发展，各个行业自主创新意识提高，纷纷加大信息资本投入和人力资本投入以提升企业创新能力，创造了一定的突破性成果。通过把最新的技术应用到武术用品的研发设计上，提升武术用品品质，实现武术用品高质量发展，满足武术用品消费者需求，实现中小武术用品制造业服务化发展。最初，传统的中小武术用品制造业只注重如何提升武术用品销量和降低武术用品成本以提升企业效益。现如今，传统中小武术用品制造业企业开始注重向武术用品研发设计等高附加值的上游延伸，提高其研发创新水平，实现"武术用品制造"向"武术用品智造"的转变。

当前，武术用品消费者对所购买的武术用品更加挑剔，为更好地满足客户多样化和个性化需求，中小武术用品制造业企业把更多的精力投入在技术提升和产品升级上，上游产业链服务化已成为武术用品制造业战略的重要部分。

1. 提高技术水平，实现武术用品升级

随着科学技术水平提高，中小武术用品制造业企业纷纷引进新技术到武

---

[1] 芦胜男，马勇志，张继东.后疫情时期中国武术产业高质量发展实现路径[J].首都体育学院学报，2021，33（2）：151-161；171.

[2] 高景昱，施文敏.机遇与挑战：武术产业高质量发展[J].商丘师范学院学报，2020，36（6）：61-64.

术用品制造中，或是成立自己的研发中心，通过科技创新提升武术用品的质量和性能。如武术比赛中电子打分系统的引入，相较于之前的人工打分更精准、透明化；鹰眼技术的引入使一些盲区和难以分辨的得分点能够得到准确无误的判断，更加公平；足弓科技的武术鞋的研发生产使武术运动者穿着这种武术鞋落地时，支撑更加稳定，且起到一定的减震缓冲作用。这些新技术地引入提升了武术用品的性能，使武术用品实现了创新性升级，赢得了市场的好评，推动了武术运动的发展。

2. 运用科技新成果，提升武术用品品质

随着中小武术用品制造业企业的增多，武术用品同质化严重，产能过剩，利润微薄。面对当前困境，中小武术用品制造业部分企业积极投身到武术用品研发设计当中，通过运用新型科技材料，提升武术用品品质，实现了武术用品制造业企业差异化竞争，既满足了市场需求，又提高了品牌知名度，获得了更多忠实客户。如武术器械中刀、剑的材料从最早的铁到现在碳纤维材料的应用，碳纤维材料的刀、剑器械相较于之前的铁制器械不仅抗摩擦、耐腐蚀，更为关键的是密度小、强度大等，在使用过程中较为轻便且刀、剑末端不易折断崩裂；枪、棍的杆也从最初的白蜡材质换成了太空材质，这种材质的枪、棍除了较为轻便、手感好外，其韧性好、不易折断。新型材料的刀、枪、剑、棍器械在武术运动应用中更能满足消费者对武术用品的需求，在行业竞争中实现武术用品制造业企业的差别化经营。武术训练中使用的武术垫从最早的海绵垫到现在的弹性气垫，在武术用品的材质上实现了创新性突破。用现在的弹性气垫和最早的海绵垫作比较，可以发现弹性气垫的材质是内置高强度拉丝PU和外置PVC夹网布，比棉布海绵垫结实、耐磨。另外，弹性气垫不仅更加柔软，能够起到很好的缓冲作用，使武术习练者在难度动作练习时能得到更好的保护，且弹性也极大提高，能够助力武术习练者做腾空动作，更好地体验到腾空动作感觉，加速武术腾空动作的学习。武术比赛场地使用的武术地毯的创新更是为武术运动的开展提供了优越的比赛条件，这种地毯由毯面、地垫和毯架3部分构成，毯面由尼龙编织而成，耐磨、防滑、防静电，拼接处公母扣由手工缝制，防皱和防移位；地垫采用高效吸能XPE泡沫双面复合拉绒，弹性适中，既能给武术运动员助力弹跳，又能缓冲落地重力；毯架防潮、防虫蛀，EVA泡沫吸盘垫脚不仅安装方便，而且更稳定、不松散、不移位，可以提供给武术运动员更多安全保障。

中小武术用品制造业技术水平的提高和科技新成果的运用都需要信息技术投入和人力资本投入，以此来提升中小武术用品制造业企业的创新能力。中小武术用品制造业产业链上游的研发设计需要中小武术用品制造业企业具有创新能力，以不断丰富武术用品，优化其性能，为武术用品制造业适应市场发展的需要、提升武术用品企业竞争力提供路径。

（二）中小武术用品制造业下游产业链服务化路径

中小武术用品制造业向产业链下游延伸，通过武术用品品牌建设、创新营销和售后服务等实现武术用品产业链下游的服务化。武术用品品牌的建设一直是中小武术用品制造业企业所看重的。近年来，为了实现差异化经营，中小武术用品制造业企业在加强品牌建设的同时，更是加大了对于服务化程度的投入。中小武术用品制造业企业在实现创新营销和售后服务的同时，对于武术用品消费者的消费体验也较为关注，这正是中小武术用品制造业企业维持客户关系、实现长期营销目标、创新营销方式的体现，也是中小武术用品制造业不断加大对服务化程度投入的体现。早期，中小武术用品制造业企业作为武术用品生产制造的传统企业，通过最简单的买卖差价来生存。然而，随着武术用品同质化严重、供过于求等问题的逐渐加重，中小武术用品制造业开始转型升级。从品牌建设、创新营销和售后服务方面加大投入，实现了差异化经营，使中小武术用品制造业企业实现了有形产品的服务增值，为中小武术用品制造业企业创造了更多的价值，提升了知名度，树立了武术用品制造业的良好形象。此时，中小武术用品制造业把服务作为提升武术用品价值的无形附加品，使企业进入了良性的生存发展。

1. 加快武术用品品牌建设，提升知名度

中小武术用品制造业企业面对当前武术用品产能过剩的情况，部分企业在广告方面加大投入，并通过互联网等一系列手段加强自己的品牌建设，让更多的武术用品消费者了解到其武术用品，使武术用品品牌知名度大幅度提升，从而使武术用品销量得到提升，为中小武术用品制造业企业赢得了市场。如中小武术用品制造业企业在一些武术比赛和武术活动中通过赞助的方式打广告，让更多武术爱好者了解到其品牌，提升品牌知名度，为武术用品制造业企业带来更多顾客。

中小武术用品制造业企业通过拓宽销售渠道，推广自己的品牌，使武术用

品品牌深入人心，激活更多潜在客户。如中小武术用品制造业企业利用微信平台销售龙泉宝剑，在微信朋友圈宣传龙泉宝剑的历史渊源和制造工艺。武术爱好者通过微信对龙泉宝剑了解后，对龙泉宝剑产生了极大的兴趣，购买了其产品。于是，微信成为了武术用品品牌推广的平台。现如今，中小武术用品制造业企业更是通过抖音、快手等平台开通直播间，以通过直播购买享受更多优惠的方式来推销武术用品。这种互联网直播平台正是中小武术用品制造业这类传统制造业拓展销售的新渠道，不仅为武术文化的传播提供了新方式，更提升了武术用品的销量，提升了武术用品品牌知名度。同时，这种中小武术用品制造业企业网络直播销方式售具有独特性，通过对武术历史和文化的解读让大众更加喜爱武术，参与到武术运动当中，购买武术用品。这是任何一项西方体育运动都不具有的历史和文化底蕴，因此，其他任何体育用品都不能像武术用品一样通过对其历史和文化的传播来实现其用品销售的增加。

2. 重视武术用品消费体验、提升售后服务

武术用品制造业产业链下游服务化当中，售后服务和消费体验同等重要，部分中小武术用品制造业企业在重视提升售后服务的同时，很容易忽略消费体验。在武术用品销售过程当中，武术用品消费者对于消费体验非常看重。消费体验直接决定着武术用品销售与否，因此，在下游服务环节要重视武术用品消费体验，满足消费者消费体验需求。如中小武术用品制造业企业实行武术用品体验互动交易，即传统实体店和电子商务结合，实行线上了解与线下体验，让消费者在互联网上选择喜欢的武术用品，再到线下实体店去试用，让消费者感受到更贴心的线下武术用品消费体验[1]；武术用品作为运动产品，不仅是质量问题，其他任何问题都会对武术用品消费者的消费心理产生影响。因此，武术用品售后服务也非常重要，好的售后能够让一次性消费者转化为永久的忠实客户，通过售后的武术用品维护和回访保持较好的客户关系，保有固定的客户群体，实现长久性合作。客户关系是长期营销的基础，中小武术用品制造业要实现长期营销必须重视武术用品消费体验，提升售后服务，以维持较好的客户关系，提升武术用品制造业服务业务盈利水平。

中小武术用品制造业向产业链下游延伸较为容易实现且风险较低。中小武术用品制造业企业通过加强武术用品牌建设、创新营销、提升售后服务和加

---

[1] 杨少雄，谢群喜."互联网+"背景下武术消费市场拓展策略[J].福建师范大学学报（哲学社会科学版），2016（1）：70-76.

强维护客户关系的方式来实现短期营销到长期营销的转变。这种方式相较于研发设计的上游服务化环节，不仅投入资金较少、易实现，且风险较低。这种产业链下游服务化路径为许多资金相对不充足的中小武术用品制造业企业提供了实现服务化的路径。

（三）中小武术用品制造业完全去制造化服务化路径

体育用品制造业的成功服务化转型为中小武术用品制造业的发展提供了宝贵经验。通过之前对体育用品制造业服务化现状的调查研究发现，目前，在体育用品制造业当中，如阿迪达斯和耐克这些跨国企业主要从事产业链两端的高附加值环节，把低利润的加工制造环节剥离或外包，实现了差异化战略，获取了高额利润，成为体育用品制造业完全制造化的成功典范。通过阿迪达斯和耐克这些企业从传统的体育用品制造业转型升级的成功经验发现，传统体育用品制造业实施完全去制造化服务化路径是成功的，且能够使体育用品制造业的分工更加细化，提升了企业的竞争力，适应了市场发展，实现了企业利润增加。体育用品制造业完全去制造化的服务化路径的成功经验给了国内中小武术用品制造业企业启示。目前，国内有几个中小武术用品制造业企业率先借鉴此路径，实施中小武术用品制造业完全去制造化的服务化路径，并取得了成功。中小武术用品制造业完全去制造化服务化是外包或剥离武术用品制造环节，即退出低附加值环节，只从事产业链中附加值较高的上下游研发设计、销售、品牌建设和售后服务环节。虽然，中小武术用品制造业企业可以通过重心向价值链较高的两端转移，从传统制造商逐渐转换为只提供无形服务的新型制造商，为客户提供纯服务性的解决方案[1]。但是，对中小武术用品制造业企业走完全去制造化服务化路径提出较高要求，需要企业在上下游环节具备较强的优势，无论是研发设计、品牌建设、营销手段，还是售后服务都要做好把控，才能实现大跨度、高风险的去制造化。中小武术用品制造业实施完全去制造化服务化路径既是机遇又是挑战。

---

[1] 李碧珍，李晴川，程轩宇，等.价值链视域下体育用品制造业服务化转型路径及其实践探索——以福建省为例[J].福建师范大学学报（哲学社会科学版），2017（5）：16-27；167-168.

三、九日山企业服务化的推进路径

（一）九日山的基本情况

九日山企业位于海西经济区——泉州南安市滨江工业区，名称源于南安市境内著名的全国文物保护单位九日山。九日山武术用品制造业企业成立于1989年，是一家集研发、生产制造、销售和现场施工于一体的企业。这家武术用品制造业企业现占地面积50多亩，建筑面积4万多平方米，拥有员工500多人，注册资金3000万，从最初的专业竞技武术用品制造业企业发展成为现集专业竞技武术用品和大众健身武术用品于一体的现代化企业。九日山企业把主要经营的武术用品分为了擂台类、拳套类、服装类、护具类、靶类（沙包吊靶、墙靶、不倒翁靶）、配套产品和武术系列（刀、枪、剑、棍）等。九日山企业负责人和企业官网都有介绍到，九日山企业以"优质的产品和服务满足客户需求，以不断创新和持续改善的精神为中华体育事业做贡献"为宗旨，全面提高产品品质，满足用户的多样化和个性化需求。

近年来，九日山企业坚持的品牌和服务为其赢得了武术用品消费者的喜爱，收获了一大批忠实客户，为九日山武术用品打开了市场。九日山在企业品牌、信誉、形象等方面的表现都得到了认可。在武术用品十大品牌排行榜中，九日山更是连续8年排在首位，是对其作为武术用品制造业企业的肯定和其经营成功的体现。

（二）九日山的服务化路径

九日山作为中国最早一批的武术用品制造业企业，从最早的手工业小作坊开始生产最普通的武术用品，到如今成为享誉国内外的著名武术用品制造业企业，生产各种高科技和专业武术用品。九日山企业从最传统的武术用品制造业企业成为现如今高科技和专业化的武术用品企业也经历了一系列的转型升级，才实现现在的辉煌，成为武术用品制造业中的佼佼者。九日山的成功转型升级主要依靠的是企业的服务化转型。对九日山的实地走访调查时，随处可见其对服务化的重视，以下是九日山服务化转型的路径。

1. 九日山的产业链上游服务化路径

九日山通过从武术用品制造业产业链前端的研发设计入手，实现上游的服务化。如图8-5所示，九日山把公司分为以下几个架构：最高层（董事会）、2级阶层（包括发展管理中心等5个中心）和3级阶层（包括办公室等17个部门）。其中2级阶层中的研发质控中心正是九日山实现产业链上游服务化的主要实现部门，该部门职责是根据公司发展规划、年度计划、组织产品要求、客户要求进行市场调研、分析市场容量和市场需求，以及物料开发、工艺革新和客户试用。其中，九日山研发质控中心下的研发部主要负责武术用品新技术的研发和新产品的设计，通过调研武术用品消费者的需求和市场需求，对产品进行研发设计，满足武术用品消费者多样化和个性化的需求。

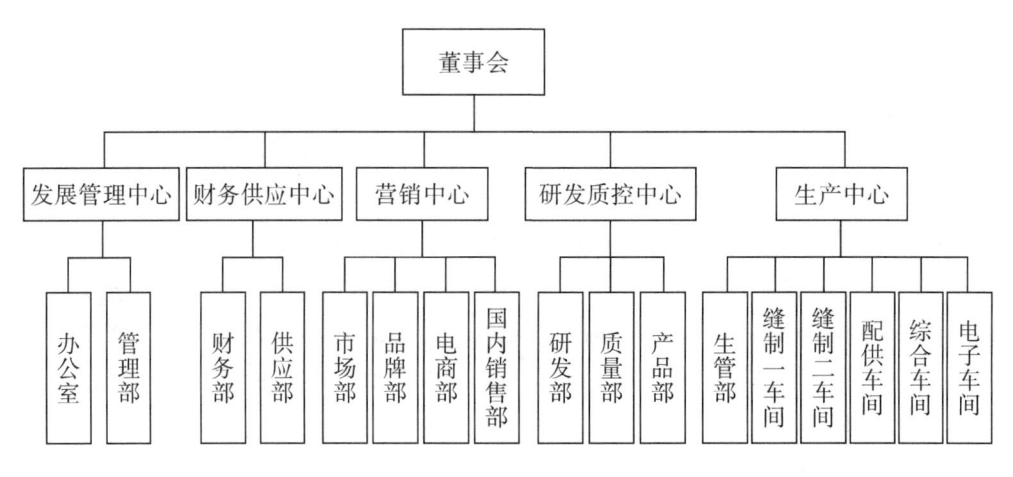

图8-5 九日山企业架构

九日山正是通过提高其研发能力和技术水平，实现"武术用品制造"向"武术用品智造"的转变。首先，九日山引入足弓科技，将这种科技加入传统武术鞋中，新型武术鞋更加稳定的支撑及减震缓冲作用吸引了大批的武术用品消费者，使九日山武术鞋的销量攀升；其次，九日山通过新科技材料的使用极大提升了武术用品的品质。九日山新科技材料制成的武术器械，九日山研发的武术运动中使用的刀、剑器械从过去传统的钢铁材质演变为碳纤维材质，这种新型碳纤维刀、剑不仅抗摩擦、耐腐蚀，能够长期使用，更为关键的是其拥有密度小、强度大等特点，在使用过程中较为轻便且刀、剑末端不易折断崩裂；九日山也积极对枪、棍等器械改进，以最新的材质替代了传统的白蜡杆材质，这种材质的枪、棍较为轻便、手感好、韧性好、不易折断；九日山对武术训练中的武术垫也进行了创新性研发设计，使用弹性气垫代替了最早使用的海绵垫，现在的弹性气垫和最早的海绵垫相比较，弹性气垫的材质是内置高强度拉丝PU和外置PVC夹网布，比棉布海绵垫结实、耐磨。另外，弹性气垫不仅更加柔软，能够起到很好的缓冲作用，使武术习练者在难度动作练习时能得到更好的保护，且弹性也极大提高，能够助力武术习练者做腾空动作，更好地体验到腾空动作的感觉，加速武术腾空动作的学习。这些新科技和新材料的研发使用极大满足了武术用品消费者的需求，在行业竞争中实现了九日山作为武术用品制造业企业的差别化经营，带动了九日山利润的增长，为武术用品制造业企业实现产业链上游服务化提供可能。

2.九日山的产业链下游服务化路径

九日山除了在产业链上游实行服务化外，同样在产业链的下游积极实行服务化战略，推动了九日山营销方式创新、建立品牌、树立企业良好形象、赢得市场份额，实现企业利润增长。九日山的2级阶层中的营销中心就是主要负责产业链下游服务化，营销中心又下设市场部、品牌部、电商部、国内销售部4个部门，分工负责下游服务化的具体事务。市场部根据发展规划，确定国际国内产品规划和定位、市场规划、品牌策略、品牌定位、销售计划调研；品牌部主要负责国际武术联合会和中国武术协会的产品供应商认证、市场拓展、品牌形象设计与宣传、赛事推广；电商部主要负责电商销售平台的建立、推广、更新，以及在线销售、客服及平台关系维护；国内销售部主要负责客观、及时地搜集、反映客户的意见和建议，不断完善。如表8-2所示，九日山在2010年至2019年先后赞助和合作了24项国家级及以上赛事，成为这些赛事的指定武术用品供应商，并利用这些赛事对九日山品牌进行了推广和宣传，极大提升了九日山在国内外的知名度，树立了良好的企业形象。

表8-2　2010年—2019年九日山赞助和合作赛事

时间	地点	赛事名称
2010年	福建省龙岩市	全国武术散打锦标赛
2010年	新加坡	青奥会
2010年	北京市	第1届世界武搏运动会
2012年	福建省厦门市	全国武术套路锦标赛（太极拳）
2012年	澳门特别行政区	第4届世界青少年武术锦标赛
2012年	越南	第8届亚洲武术锦标赛
2012年	爱沙尼亚	第14届欧洲武术锦标赛
2013年	圣彼得堡	第2届世界武搏运动会
2013年	菲律宾	第7届亚洲青少年武术锦标赛
2014年	仁川	亚运会
2014年	江苏省南京市	青年奥林匹克运动会
2015年	印度尼西亚	世界武术锦标赛
2015年	福建省福州市	第1届全国青年运动会
2015年	新加坡	东南亚运动会
2017年	四川省峨眉山市	第7届世界传统武术锦标赛
2018年	天津市	第3届全国武术运动大会
2019年	河南省漯河市	第2届全国青年运动会武术散打预赛暨第13届亚洲青少年武术锦标赛
2019年	上海市	第15届世界武术锦标赛
2019年	四川省峨眉山市	第8届世界传统武术锦标赛
2019年	河南省洛阳市	全国女子武术散打锦标赛暨第15届世界武术锦标赛
2019年	四川省阆中市	"星盟赛城杯"2019年"上合组织"国际武术散打争霸赛
2019年	重庆市	全国武术散打冠军赛
2019年	湖北省宜昌市	全国男子武术散打锦标赛暨第15届世界武术锦标赛选拔赛
2019年	湖北省武当山	第2届全国青年运动会武术散打预赛社会俱乐部组

　　九日山的电商部拓宽各种电商渠道，通过在京东商城、天猫商城两家大型电子商务平台成立九日山品牌旗舰店，并在阿里巴巴企业网注册成为企业合作商等电子商务渠道销售产品。国内销售部还对九日山武术用品消费者积极地做

回访，将消费者需求和建议及时反馈给相应的部门，提高服务质量、满足消费者的需求，与消费者建立紧密的联系，实现了从一次性买卖到长久合作的关系，拥有了一大批忠实的客户。如表8-3所示，九日山的服务化为其赢得了体育局、运动学校和训练中心等政府部门事业单位的订单，证明九日山产业链上下游服务化路径的成功性和可行性，为九日山赢得了声誉，树立了品牌形象，获取了消费者的信任，带来了收益。

表8-3　2019年采购九日山武术用品的事业单位与项目信息

时间	项目名称	采购人
2019年12月26日	河南省武术运动管理中心购置训练器材及服装项目结果公示	河南省武术运动管理中心
2019年12月25日	南京体育学院武术套路标准竞赛场地木板购置项目中标公告	南京体育学院
2019年11月25日	河南省武术运动管理中心购置训练器材及服装项目中标结果公告	河南省武术运动管理中心
2019年11月25日	云南省体育工作大队2019年运动队专用训练器材采购项目竞争性谈判成交公告	云南省体育工作大队
2019年11月22日	锦州市文化旅游体育服务中心采购训练器材项目成交公告	锦州市文化旅游和体育局
2019年10月28日	阳泉市体育运动学校2019年重点专业实训基地建设购买体育器材项目成交公告	阳泉市体育运动学校
2019年9月2日	驻渝某单位搏击擂台及配套器材采购项目中标公告	驻渝某单位
2019年8月5日	云南省北教场体育训练基地运动队器材采购成交公告	云南省北教场体育训练基地
2019年7月18日	大同市体育运动学校专项器材合同	大同市体育运动学校
2019年7月3日	北体大竞技体校北体大附属竞技体校训练专项器材及辅助器材采购成交公告	北体大竞技体校

（续表）

时间	项目名称	采购人
2019年6月24日	训练基地购置训练器材及擒敌考评系统（第二次）标段二中标结果公告	
2019年6月3日	山西省武术运动管理中心武术训练器材成交公告	山西省武术运动管理中心
2019年5月27日	2019年青海省体育工作二大队购置体育器材项目中标公示	青海省体育工作二大队
2019年5月18日	中国人民武装警察部队泉州市支队关于武警支队训练器材项目的中标公告	武警泉州支队
2019年5月9日	邯郸市体育运动学校体育器材采购中标公告	邯郸市体育运动学校
2019年4月12日	湖北省体育局武术运动管理中心武术散打地垫盖单采购项目成交公告	湖北省体育局武术运动管理中心

第九章
中国体育用品制造业服务化发展方向与实现方略

随着体育用品制造业的服务拓展和服务标准化、可视化水平提升，体育用品制造业和服务业的边界越来越模糊，两业交叉融合、快速发展。体育用品制造业产业价值链重心由生产端向研发设计和营销服务两端拓展与延伸，生产性服务业中的研发设计、信息技术服务、电子商务、第三方物流、品牌管理、营销服务、人力资源服务等对制造业创造的价值越来越高，倒逼体育用品制造业内部的产业分工进一步细化和深化。体育用品制造业不仅要通过网络众包、集群协同生产、精益生产、柔性化定制生产、精准供应链管理等提升竞争优势，还要通过为客户提供包括产品在内的服务和整体解决方案获得更高利润[1]。体育用品制造业从以产品为中心向以客户为中心、以产品服务系统提供为导向的服务型制造模式转型升级，企业产品模式、组织模式、运营模式等都将发生相应的转变。

第一节 中国体育用品制造业服务化发展的重点方向

我国体育用品制造业企业开展制造服务主要来源于两大原因：需求倒逼和发展倒逼。近年来，网上零售迅速增长，线上、线下消费渠道趋于融合，消费者在碎片化的决策购买过程中能够获得更丰富的信息，拥有更多的选择余地，

---

[1] 孙林岩，李刚，江志斌，等.21世纪的先进制造模式——服务型制造[J].中国机械工程，2007，18（19）：2307-2311.

在供需市场中更具主动权和话语权。不同代际消费群体的关注要素呈现差异，消费者乐于尝新，偏好于小众、个性化、差异化、多样化的体育产品需求。然而，传统体育用品制造业未能及时转变市场竞争对象，导致产品开发与产品品类更新缓慢，高端不突出、低端过剩、重生产、轻服务及对消费者、市场需求无法有效满足的现实情况。因此，我国体育用品制造业从生产型制造向服务型制造转变，是现代产业分工不断细化、生产组织方式高度协同的必然结果，也是消费升级的客观要求。体育用品制造业服务化是提升体育产业价值链的重要途径，也是体育用品制造业转型的重要方向，发展体育用品制造业服务化就必须将体育用品制造系统的各个环节同步面向服务型制造框架进行重构。

一、服务性生产

服务性生产是指企业采用制造工艺流程外包的方式，进行零部件加工、制造组装等制造业务流程协作，共同完成物理产品的加工和制造，包括了网络化制造、众包、外包等生产模式，也包括了质量维修、合同化维护、管理等服务[1]。服务性生产中为实现制造供应链全过程的精益化，采用专业分工、精细协作、相互服务的生产模式，分工的细化程度越高，参与劳动分工的企业个体就越小，反之越大。制造业企业领域内分工的企业个体为组成这一行业的各个相关企业，包含原材料供应商、零部件制造商、加工和组装企业等中游企业之间的分工协作，以更低的成本、更高的柔性、更快的反应速度合作完成产品的生产、加工和制造。

（一）基于专业化分工的服务性生产

亚当斯密是研究分工理论的先驱，他认为企业随着流水线生产技术的不断提高，可以通过生产链分工降低生产成本、提高劳动生产率，间接的产生报酬递增，企业在分工协作中市场份额得到扩大[2]。中国体育用品制造业最初依靠政策、土地、能源、劳动力方面的优势承接国外发达国家密集的制造环节，

---

[1] 孙林岩，李刚，江志斌，等.21世纪的先进制造模式——服务型制造[J].中国机械工程，2007，18（19）：2307-2311.

[2] Vandermerwe S, Rada J. Servitization of business: Adding value by adding services [J]. European management journal，1988（6）：314-324.

如对产品零部件代工制造和组装加工生产。由于对资金、技术等要求不高，中国体育用品中小企业以贴牌为主的OEM加工贸易得到了迅速发展。许多体育用品企业在围绕同一产品或紧密相关产品从事产品生产活动中，为了降低交易成本、降低企业风险、共享区域政策、提高劳动生产率等，以产业布局专业化、产品生产集约化、生产协作社会化的特点形成"一村一品，一镇一业"的区域集群发展模式。区域集群发展模式中体育用品制造业由原先"大而全""小而全"的产业形态逐渐向产品内分工及基于工艺分工转变，专业化分工的企业之间相互提供服务性生产，通过更加精细与更加专业化的分工，降低生产成本，提高劳动生产率，促进技术进步，间接产生报酬递增，不断扩大企业的市场份额（图9-1）。

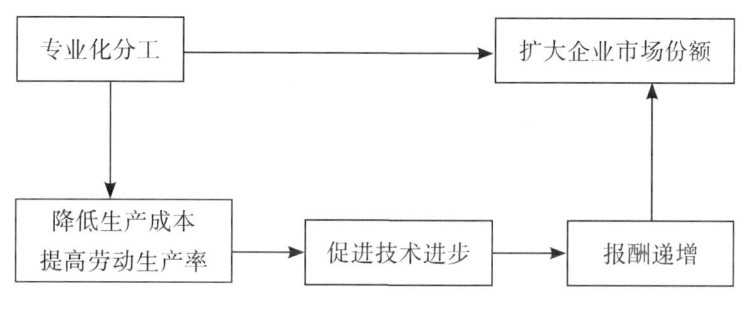

图9-1 基于专业化分工的服务性生产

（二）基于产品模块化的服务性生产

现代信息技术、交通技术的发展，以及经济的全球化，使企业能够在全球范围内组织物质资源和知识资源，通过制造业企业之间的动态交互形成自组织的服务性生产系统[1]。而体育用品制造业产品的模块化就是在体育用品制造业企业内劳动分工和知识分工的基础上，通过模块分解和模块集中的过程，把复杂工艺系统分解为相互独立的组成部分，再通过即插即用的方式把各独立的企业或部门联结成为一个完整的服务性生产系统。从事生产工艺流程的某一环节的体育用品制造业企业，并不需要开发自己的品牌产品，而是通过为其他企业提供自己具有独到优势的生产流程服务，获得规模经济优势互补，使自己发

---

[1] 段艳玲，付志华，陈曦.我国体育用品制造业服务化对产业转型升级的影响研究[J].武汉体育学院学报，2019，53（11）：23-27.

展成为生产服务的供应商。中国体育用品制造业产品的模块化可以通过互联网让消费者自行设计所需要的产品结构或企业为消费者定制模块化产品，然后要求提供工艺流程服务的厂商定制客户所需要的制造服务，通过上下游企业或合作厂商的模块化、工艺流程分工，共同完成产品研发、设计、生产与制造。这种生产过程是基于制造工艺流程的分工协作，各个流程之间是即插即用的，产品的生产速度快，开发周期短，可以大量满足消费者个性化、多样化、小批量、多品种、快速交货的需求[1]。

（三）基于组织网络化的服务性生产

基于产品模块化的服务性生产中，制造业企业以互联网为依托，协调上下游企业或合作厂商的模块化、工艺流程分工资源，利用信息技术平台、互联网的无形资源整合有形资源，以提高制造业企业之间的高效协同，降低生产成本，提高制造业企业的市场快速反应能力和竞争力。基于组织网络化的服务性生产，企业间的生产活动将实现高度的网络化和并行化，通过将制造流程外包，不同类型的制造业企业可以实现联合研发、设计、分布式生产和加工组装。通过服务性生产协作，企业内部、企业与企业、企业与供应商、企业与合作伙伴、企业与顾客之间能够更好地在制造环节进行业务流程协作，资源优势互补，降低制造成本，提高生产效率，实现整体竞争力的提高。作为服务性生产企业或制造服务供应商，在为其他制造业企业提供制造流程服务中，不断扩大生产范围，建立从设计开发到生产制造的整套服务，以快速小批量或大批量生产、交货来满足客户及市场的多样化需求。这种新的生产方式需要对原有垂直一体化的企业生产组织进行变革，随着专业的生产性服务供应商和服务性生产供应商的水平不断提高，基于组织网络化的服务型制造网络系统逐步形成[2]。越来越多的中小企业、加工制造企业、服务性供应企业等加入服务型制造网络，根据客户对新产品的要求，在最短时间内细化到每一个制造环节，布置生产所需的研发、设计、采购、加工制造、品质管理等分工业务，增强生产柔性，提升市场应变能力。

---

[1] 李刚，汪应洛. 服务型制造：基于"互联网+"的模式创新[M]. 北京：清华大学出版社，2017：35.

[2] 王鹏. 2017—2018年中国服务型制造蓝皮书[M]. 北京：人民出版社，2019：1.

二、生产性服务

生产性服务又称生产者服务（producer services），是依托产品的制造能力、专业知识和便捷条件，向下游客户提供基于产品的延伸服务。在理论内涵上是指市场化的中间投入服务，即可用于商品和服务的进一步生产的非最终消费服务。生产性服务包括科研开发、产品调试、管理咨询、工程设计、金融、保险、法律、会计、运输、通信、市场营销、工程和产品维修等多个方面，以及基于产品制造所形成的专业经验，为客户提供基于需求的系统化服务，如智慧工厂的设计、生产线性能调优等[1]。对于最终消费服务来说，生产性服务是一种无形产出，在经济发展过程中，制造业企业从专业分工阶段，企业之间相互提供服务性生产，到制造业企业对生产性服务需求的数量和种类都不断扩展，一些制造业企业就将这些服务需求从制造业务中分离出来，外包给专业的生产性服务企业。但制造业和服务业在生产过程中并不完全相互独立，而是相互依存、共融共生、互动共进。

（一）中国体育用品制造业与服务业相互依存

随着专业化分工的进一步深化，市场规模继续扩大，服务业最初发展起来的邮政、运输业等逐步融入制造业采购、生产、仓储、分销、配送等环节。中国体育用品制造业内部逐渐划分出生产服务部门，企业内部生产服务部门为企业定单与材料信息搜寻、发布、谈判、签约等提供服务。当企业的生产服务部门运行成本高于市场提供的服务成本时，生产性服务部门会从体育用品制造业企业中分离出来，成为体育用品制造业企业的外部经济服务，生产性服务部门从企业内部协调作用的"润滑剂"逐渐发展成为社会经济中重要的"生产力"[2]。由于生产性服务业的专业化与交易成本优势，生产性服务业向体育用品制造业企业内部输送源源不断的中间性生产服务。当体育用品企业与少数生产性企业之间的服务交易成本低于企业内部组织服务成本时，体育用品企业

---

[1] 蔡三发，黄志明，邹彬，等.制造业服务化决策、实施与控制[M].北京：清华大学出版社，2013：11.

[2] 张慧怡.基于"供给侧"与"需求侧"视角下我国制造业服务化对制造业绩效影响的研究[D].太原：山西财经大学，2018：16.

更容易选择外包或购买生产性服务，体育用品企业对中间性生产服务需求量越来越多。同时，中间性生产服务优化了体育用品企业内部的组织，提升生产效率，使制造业与服务业之间的边界逐渐变得模糊。体育用品企业与生产性服务业在资源、产品、组织、市场方面相互依存、相互作用，在追求利润的同时，共同推进体育用品制造业企业降本增效、扩充市场容量（图9-2）。

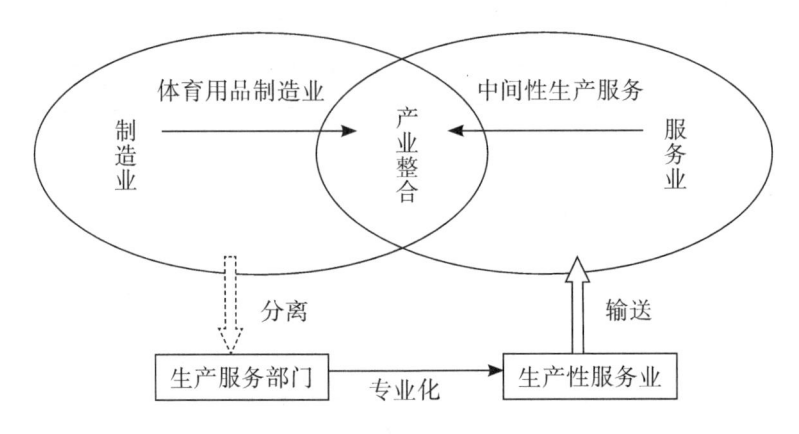

图9-2　中国体育用品制造业与服务业相互依存

（二）中国体育用品制造业与服务业共融共生

在体育用品制造业与服务业产生多层面的融合演进过程中，中国体育用品制造业与服务业相互影响，共融共生。一方面，生产性服务业的规模不断扩大，其中间性服务要素（如研发、咨询、工程设计、金融、营销等）不断向体育用品制造业的资源、产品、组织、市场等方面输入，丰富体育用品制造业产品内涵、创造价值；另一方面，体育用品制造业通过服务性生产，将企业不具有竞争优势的环节外包给其他企业，以更低的成本、更高的柔性、更快的反应速度合作完成产品制造。随着体育用品制造业专业化分工的深化，市场规模不断扩大，体育用品企业和其他制造企业、生产性服务企业之间的交易次数越来越多，过程也越来越频繁，体育用品企业会同时面对很多生产性服务企业，生产性服务企业会不断向体育用品制造业输送中间性生产服务，企业间的边界开始模糊。中间性生产服务与体育用品企业融合过程中，体育用品制造业的产业层级如产品、组织、市场等不断融入各种服务要素，制造业产业链得到重组优化。融合过程中会存在两个方向，一个是因为生产性服务业交易成本大于在企业内部组织这些交易产生的成本时，体育用品企业直接转型成为纯服务型企业[1]；另一个是体育用品制造业提高产业层级后分离出服务要素，形成更高级的生产性服务业。当更高级的生产性服务业向更高产业层级的体育用品企业输送中间性生产服务时，企业间的边界又变得模糊，企业间进入更高级的融合层次……这种螺旋式上升的融合过程不断提高体育用品制造业生产率，降低交易成本，推进体育用品制造业向服务型制造转型升级（图9-3）。

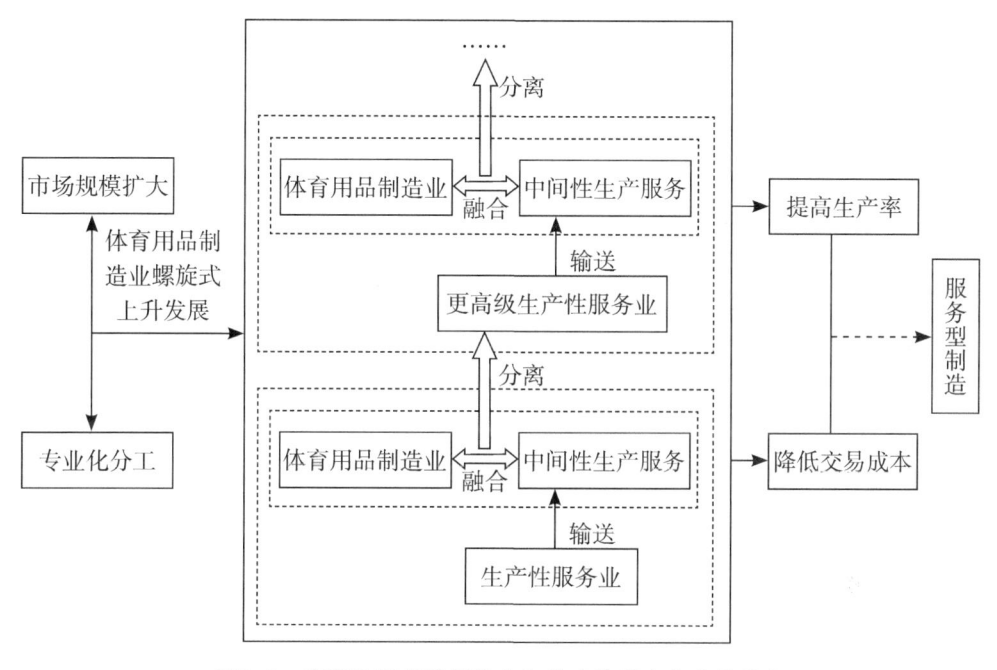

图9-3 中国体育用品制造业与生产性服务业共融共生

（三）中国体育用品制造业与服务业互动共进

随着以产品制造为中心的体育用品制造业向服务增值延伸，从关注产品的生产制造和实物产品向消费者提供产品、服务、支持、自我服务和知识的产品服务系统延伸，体育用品制造业和服务业的边界已经模糊，两者互动共进，逐渐形成服务型制造系统。不同产品链上节点企业之间的相互提供服务性生产活

---

[1] 张慧怡.基于"供给侧"与"需求侧"视角下我国制造业服务化对制造业绩效影响的研究[D].太原：山西财经大学，2018：15.

动增加了网络复杂性，如面向制造的服务（从物流和供应链等制造环节提供的生产性服务）和面向服务的制造（对客户的需求感知挖掘和企业间各种嵌入式服务的服务性生产）。服务型制造主要通过生产性服务业、服务性生产和客户全程参与3个层次来实现价值创造。在业务流程上，传统的体育用品制造业只关注"微笑曲线"的低端——加工制造环节，而服务型制造强调以人为中心，关注"微笑曲线"两端附加值高的研发设计和品牌营销渠道等环节；在运作方式上，传统的体育用品制造模式强调制造资源的集成与优化，而服务型制造模式强调主动为上、下游客户提供生产性服务和服务性生产，协同创造产品价值；在服务创新上，传统的体育用品制造业企业内部强调生产分工，强化生产能力的产品导向，忽视产品的市场营销、售后服务、产品回收等服务工作的整体利益，而服务型制造模式强化协调能力和服务能力的服务导向，让顾客主动参与到服务型制造网络的协作活动中，自发形成资源优化配置；在交易方式上，传统的体育用品企业主要关注产品的一次性交易，而服务型制造模式关注与客户持续的多次服务过程，甚至是终身服务的长期共生关系，来满足客户多样化、个性化、差异化的服务需求；在价值再造上，传统的体育用品企业通过大批量、少品种的产品制造来实现有限的价值增值，而服务型制造模式以"产品+服务"的形式为顾客提供整体解决方案，通过精益制造、定制化制造和敏捷制造等实现企业价值增值。因此，中国体育用品制造业向服务型制造转型过程中，将长期出现传统体育用品制造业、部分体育用品企业服务化转型和纯体育服务业互动共进的局面（图9-4）。

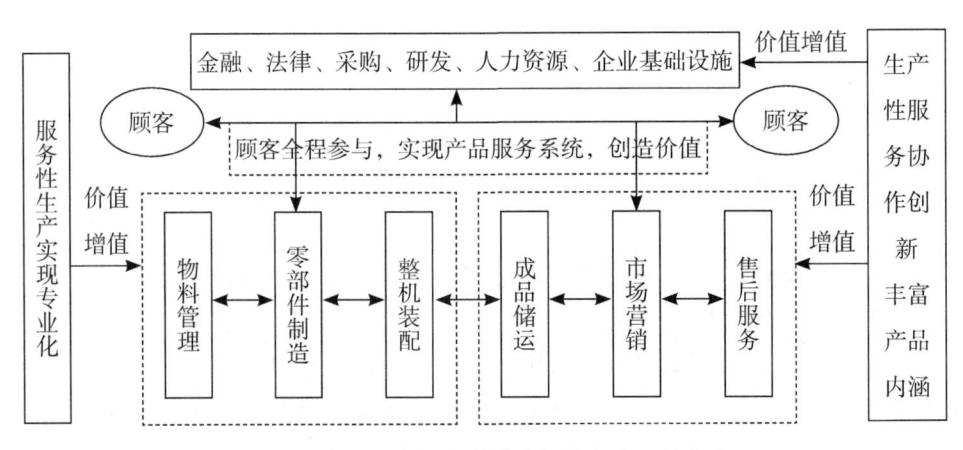

图9-4 中国体育用品制造业与服务业互动共进

三、创造性服务

创造性服务是指基于客户为中心的个性化设计、研发等，主要包括基于产品的设计的增值服务、基于需求的服务等基本业态[1]。体育用品制造业的创造性服务本质是制造业企业产品模式的创造性服务、企业组织模式的创造性服务、企业运营模式的创造性服务，以及制造业企业向服务型制造转型中基于客户的全过程深度参与到制造过程的服务。在制造业企业产品模式的创造性服务中，其设计类的服务具有品牌化、高附加值的特点；在企业组织模式的创造性服务中，围绕产品功能的设计服务，并向客户提供智能化客户价值创造方案；在企业运营模式的创造性服务中，将客户、供应商引入服务化平台，建立合作价值共创体系，实现产品的客户专属性。

（一）企业产品模式的创造性服务

中国体育用品企业向服务化转型首先要考虑的是产品模式的创造性服务，在第一阶段，逐步构建"产品+服务"的组合包（product-service portfolio，PSP）[2]。产品的共性导致市场产品雷同和供过于求，所以体育用品企业要通过数据挖掘等技术进行客户需求分析，从而发现和挖掘出顾客对"产品+服务"的内容和质量的要求，反馈给研发部门，研发出"产品+服务"的组合商品。在向顾客提供满足其个性化需求产品的基础上，还应提供附加价值的服务，使企业的价值主张更贴近客户的需求，提高产品的生产效率，扩大企业的市场空间；第二阶段，企业从精益生产向大规模定制化的服务转变，为客户提供定制化的产品服务系统。在提供"产品+服务"的组合商品服务过程中，企业以最优品质、最低成本和最高效率的精益生产对客户需求做出最迅速的反应，并逐渐积累服务解决方案的相关知识。当企业拥有可以满足不同客户个性化需求的精益生产能力和服务开发能力后，企业将向单件小批量、大量品种、客户"定制"产品的大规模定制化服务转变，开发面向客户的产品服务系统方

---

[1] 孙林岩，李刚，江志斌，等.21世纪的先进制造模式——服务型制造[J].中国机械工程，2007，18（19）：2307-2312.

[2] 李刚，汪应洛.服务型制造：基于"互联网+"的模式创新[M].北京：清华大学出版社，2017：35.

案（product and service solutions，PSS）[1]；第三阶段，向客户提供智能化客户价值创造方案。通过区块链、大数据、人工智能、移动互联网、物联网等技术帮助企业与客户的互动强度及频率的分析、诊断，感知与发现客户实时需求，推理客户动态的响应，调整企业产品的决策，使企业能无缝对接客户，提升企业与企业、企业与客户之间的依赖程度和粘性，创造价值；第四阶段，实现产品的完全服务化。体育用品企业中的一些龙头企业或原有服务功能较成熟的核心企业，可以向以提供服务为主的服务供应商转变，成为平台公司，向中心体育用品企业提供资源、研发技术、品牌管理、营销服务、人力资源服务等，转型成为在产品服务方面具有竞争优势的服务型制造企业。

（二）企业组织模式的创造性服务

由于体育用品企业产品模式的创造性变革，企业的组织模式也要相应做出调整，进行创造性服务。第一阶段，构建专门的服务部门。企业构建"产品+服务"的组合包，并向市场进行销售，这就要求企业由"独立产品生产"向企业与客户互动的"合作生产"转变，需要根据客户的需求，开发服务产品和营销，需要管理客户服务过程，提高客户满意度。因此，企业要构建客户服务部门，从传统的职能部门或事业部门中重新架构专门的服务部门（如客户服务部、售后服务部等）。为了实现对客户需求的及时感知与响应，对构建客户服务部门应采取扁平化组织管理，更好地为客户开展服务。第二阶段，向矩阵制或项目制组织架构转变。企业在为客户提供定制化的产品服务系统中，企业的产品线将急剧扩大，大量客户的个性需求的管理是整个系统的起点。这就要求企业从传统的职能制组织架构逐步向矩阵制或项目制组织架构转变，建立"一对一"营销、"发现—建立—维护"的客户管理流程，提高生产系统的柔性和响应速度，实现定制化产品服务系统的协同设计与生产[2]。第三阶段，向提供长期专属服务的部门转变。为了向客户提供智能化客户价值创造方案，企业与客户交易的频率、深度和时间长度将全方位展开，而矩阵制或项目制组织架构只适合点对点的短期合作关系管理，企业必须提供更高级的、个性化需求

---

[1] 李刚，汪应洛. 服务型制造：基于"互联网+"的模式创新 [M]. 北京：清华大学出版社，2017：35.

[2] 国家制造强国建设战略咨询委员会，中国工程院战略咨询中心. 服务型制造 [M]. 北京：电子工业出版社，2016：136.

的、量身定做的长期专属服务，或建立公共的服务平台，统一协调企业内部的资源配置，实现低成本与高效率。第四阶段，向平台型服务企业转变。当体育用品企业转型成平台公司，实现产品的完全服务化阶段时，要加强其业务之间的整合与协同的力度，建立对外部资源整合的专有组织机构，全面整合企业内部品质、生产、研发、物流能力，构建与客户、供应商之间的共赢平台，提升行业竞争力及驾驭能力。

（三）企业运营模式的创造性服务

在体育用品企业产品模式、组织模式的创造性变革下，企业运营模式也将发生相应的创造性服务变革。第一阶段，以产品生产导向为主的运营。企业应构建"产品+服务"的组合包，以及向客户提供售后保障方面的服务。此阶段企业的运营主要以产品生产导向为主，服务部门负责收集客户对产品的反馈和建议，整理收集的市场调研信息并提供给研发与制造部门，改善产品性能，提升客户对产品的价值感知[1]。第二阶段，强化核心制造与产业集群内服务外包战略联盟的运营。企业从精益生产向大规模定制化的服务转变，企业服务运营效率逐步提高，面向客户的矩阵制或项目制组织内部分工协作也逐步向产业集群内其他企业服务外包开展。这样企业可以聚焦自身核心技术与整体产品、服务的整合能力，或者与其他具有"专、精、新、特"的中小体育用品企业构建战略联盟，共同为体育用品龙头企业提供生产性服务，完成个性化产品服务系统的生产。第三阶段，借助智能化信息技术进行资源配置与服务制造的运营。基于区块链、大数据、人工智能、移动互联网、物联网等技术感知客户需求，以及理解的客户需求，快速、智能化地转化为企业的产品服务系统配置和设计方案，通过集群产业互联网和服务性企业协同创造网络，快速配置最具有成本与效率的优势企业，共同完成客户价值创造方案的生产与交付。第四阶段，体育用品企业转型成平台公司或服务企业。其业务运营方式主要是和广大具有"专、精、新、特"的中小体育用品企业建立长期稳定的合作关系，善于利用客户的知识、技能与经验，将客户、供应商引入服务化平台，共同解决问题、共担风险、共同分析收益，建立合作价值共创体系，增强彼此信任，强化情感联系，提高客户的满意度与忠诚度。

---

[1] 国家制造强国建设战略咨询委员会，中国工程院战略咨询中心.服务型制造 [M].北京：电子工业出版社，2016：136.

第二节　中国体育用品制造业服务化的实现方略

在新形势下，要以习近平新时代中国特色社会主义思想为指导，强化体育产业要素保障，改善产业结构，提升体育服务业比重，支持体育用品制造业创新发展。中国体育用品制造业要从产业链低端的生产制造环节向产业链高端的研发设计和营销服务环节攀升，就要从劳动和资本密集型转向技术与服务密集型。体育用品企业中的龙头企业和骨干企业可以向联合研发设计和营销服务范围的平台公司或服务企业转型，通过研发体育用品前沿技术和根据运动项目设计新型产品、系列产品，通过品牌IP创新等营销服务手段向中小体育用品企业提供一体化服务方案，实现"交钥匙"服务。而广大具有"专、精、新、特"的中小体育用品企业，可以向服务外包的生产性服务业转型，通过生产性服务业与体育用品制造业融合，实现柔性定制服务，满足消费者的多样化、个性化、差异化需求，提高体育用品市场竞争力。今后较长时期内，我国体育用品制造业仍将保持一定增长和相对较高的比重，未来结构改变要加快体育用品制造业和服务业融合发展，形成实力强大的现代服务化大制造产业，实现制造强国之梦。

一、编制中国体育用品制造业服务化发展规划

（一）树立体育用品制造业服务化发展观的顶层设计

政府部门宏观规划和顶层设计在体育用品制造业服务化发展中具有重要的导向作用，好的规划和顶层设计可以促进体育用品制造业和服务业融合发展，产业发展与国家宏观性产业规划密切关联[1]。世界经济已经进入服务经济时代，体育用品制造业和服务业之间的传统界限正在快速消失，体育用品制造业与服务业的融合是转变我国经济增长方式的需要。宏观上我国体育用品制造业存在整体竞争力大而不强、土地和能源耗费过大、劳动力成本优

---

[1]宋大伟，朱永彬.我国服务型制造"十四五"时期发展思路研究[J].战略与决策研究，2020：11.

势消失、产能过剩等发展困境，这迫使体育用品制造业寻找新的经济增长方式，而体育用品制造业与服务业融合正顺应了中国经济发展模式转变的需要。因此，政府部门应树立体育用品制造业服务化的融合发展观，对东部、中部、西部的体育用品制造业进行宏观规划和顶层设计，构建跨区域的服务增值网络。借助国家实施"一带一路"的扶持政策、自贸区政策和搭建国家体育产业基地的引导平台，大力发展技术服务业、信息服务业、物流服务业、融资担保服务业和电子商务等生产性服务业，加快东部体育用品制造业的品牌国际化，充分发挥龙头企业品牌的带动效应和区域品牌的聚集效应。以生产性服务方式整合中西部制造资源，提升中西部地区体育用品制造业的竞争力，实现中西部地区加速承接国际和东部体育用品制造业产业链的延伸和转移。

（二）统筹优化体育用品制造业服务化发展布局

政府应该对全国制造业服务化转型的示范企业、示范项目和示范平台进行系统全面的调查研究，分析总结不同制造企业、不同发展阶段开展服务型制造的典型模式和成功经验。通过系统宣传、组织考察、现场学习、专家指导等方式，提高对体育用品制造业企业与服务业融合模式和发展路径的认识。一方面，政府要明确发展体育用品制造业服务化的目标、重点任务和具体措施，强化地方政府落实体育用品制造业服务化的文件规划及政策实施，努力营造体育用品制造业和服务业融合发展环境，为体育用品制造业提供生产性服务业、服务性企业的公共服务及市场监管等；另一方面，要组织服务型制造专家对体育用品制造业服务化发展的重大问题开展专题调查研究。研究体育用品制造业服务化的发展路径和特色模式，重点分析典型跨国体育用品公司服务型制造的发展演进、商业模式和成功经验，立足东部、中部、西部各区域体育用品制造业发展基础和布局特征，建立体育用品制造业的专业化服务平台，支持体育用品龙头企业兼并重组本地产业链上、下游企业，实现资源整合，保存优势产能，降低生产成本，带动中小企业向"专、精、特、强、新"等服务化企业转型，加大体育用品制造业企业与服务业融合模式的宣传与讨论，开展体育用品制造业向服务化转型成功案例的总结与经验推广。

二、推进体育用品制造企业数字转型

（一）加强企业服务型制造数字基础设施建设

东部地区体育用品制造业在发展服务型制造方面要构建互联互通的智能化数字基础设施体系，注重价值链层次和服务化水平的提高，推动云制造、云服务平台建设，发展产品型和服务型平台。部分体育用品龙头企业在探索产业链向中高端延伸中，业务范围已涵盖金融支持、咨询服务、供应链管理、个性化定制、系统解决方案、"线上线下"营销模式、客户体验管理等全产业链条。企业服务型制造基础能力建设方面应加强园区信息化基础设施建设，加快布局互联网平台，推动建设集基础研发、创新设计、试验检测、质量论证等综合性公共服务平台和服务功能区[1]。中部地区体育用品制造业服务型制造主要推动产品设计、生产过程、经营管理、市场营销和决策系统数字化，为中小微体育制造业企业数字化转型提供专业化服务。应鼓励地方产业园区强化共性技术服务功能模块建设，以设立产业协同创新、研发设计公共服务平台等形式提升企业竞争力，促进产业结构的优化。西部地区承接东部产业转移，服务型制造发展处于起步阶段，主要加强服务型制造顶层设计，充分认识向服务型制造转型的路径和步骤，应鼓励依托研究机构、高校和重点实验室设立研发中心，填补上游基础研究和下游企业产品之间创新链的空白，加速科研成果的转化和推广。

（二）提升体育用品制造业数字转型服务能力

以5G技术、区块链、互联网、物联网等为代表的数字基础设施，培育一批面向体育用品制造业提供专业数字化转型服务的企业，为大中型体育用品制造业企业提供定制化的数字化转型系统解决方案。鼓励传统体育用品制造业实施基于互联网的C2B（个性化定制）、O2O（线上到线下）、B2C（网络商品直销）等商业模式创新，鼓励专业化服务的数字科技企业对体育产品、市场的动态监控和大数据分析，提高数字基础设施服务质量和效率，实现与体育用品

---

[1] 王鹏.2017—2018年中国服务型制造蓝皮书[M].北京：人民出版社，2019：1.

企业的无缝对接，提升企业数字化、网络化、智能化水平[1]。部分体育用品企业要从提供基本的"产品+服务"，借助全流程数据贯通推动体育用品制造业从制造环节向产业链前后端的服务环节拓展，破除制造业零部件、生产线、产品的连接和数据传输障碍，向基于客户需求的市场研究及开拓、产品跟踪反馈、全生命周期管理、供应链管理、总集成总承包、整体解决方案等供应链服务模式拓展，发挥数字技术赋能实体经济的作用。体育用品品牌公司和核心技术企业可以加强标准体系与认证认可、检验检测体系的衔接，在更广的范围内实现数据规范应用和开放共享，向创新设计、个性化定制、服务外包、信息增值、网络化协同、智能孵化等高端服务模式延伸，拓展产品价值空间，提升企业数字化转型的服务水平。

三、构建体育用品制造业服务化技术创新体系

（一）构建区域服务平台，开展试点示范

大力发挥体育用品制造业企业创新主体作用，一方面，实施鼓励各地区构建服务型制造公共服务平台，鼓励体育用品龙头企业充分发挥带动作用，增加研发投入、设立企业技术中心，建立体育用品制造业服务化重点领域的产学研联盟、合作创新基地和创新工程实验室，推动产研合作、跨界融合、服务业态和商业模式创新。依托国家体育产业基地及示范基地、产业园区优势，构建产业联盟信息服务共享平台，为企业提供研发技术、质量认证、检验检测等专业化服务，形成联合开发、优势互补、利益共享的协同发展机制，加强信息整合和资源整合能力，实现产业链各个环节信息的开放共享；另一方面，发展体育用品制造业研发外包、技术转移、创业孵化、创新联盟、科技金融、知识产权等服务平台和服务组织。广泛开展各类形式的服务型制造宣传活动，促进传统体育用品制造业转型升级。各地区要整合政府与社会资源、业内专家资源，立足体育用品制造业企业，面向国内外体育用品市场，建设协同互补、开放合作、充满活力的体育用品制造业服务支撑体系，深入企业生产一线，运用服务型制造理念为企业转型升级进行指导与经验交流，提出切实可行的服务型制造

---

[1] 刘志勇. 服务型制造：中国体育用品制造业高质量发展路径研究[J]. 西安体育学院学报，2021（1）：37-45.

方案，积极开展服务型制造遴选活动，推广体育用品龙头企业实施服务型制造的实践经验与典型案例，发挥示范引领作用。

（二）完善科研成果转化制度与人才培育体系

我国体育用品制造业要提高自主创新能力和服务能力，密切关注国际体育用品发展的主流趋势，围绕材质面料、功能开发、外观设计等新材料、新技术，配置资金链。一方面，构建以企业为主体、以产业联盟为依托、以市场化应用为导向，引导鼓励优势民营服务性企业、高校科研所等参与体育用品研制生产，并提供制造增值服务，形成"产、学、研、融"深度融合的体育用品制造业创新体系。面向服务型制造技术需求的供需匹配，加大体育用品制造业的科技研发与科研成果转化应用力度，落实科技成果所有权、使用权、处置权和收益分配的有关法律政策，提升体育用品品牌质量，提高体育用品制造业关键核心技术供给，提高体育用品制造业的国际竞争力。以实施制造强国战略为目标，推动地方政府建立完善的金融、科技、财税、人才等领域的协同政策，提高R&D投入强度，提升研发与技术水平。另一方面，政府要加快制定体育产业、服务化产业高层次人才、创新人才引进政策和建立技能扎实的实用性人才培育体系，从而解决体育用品制造业服务型制造产业链和创新链的脱节问题。通过设立人才培养发展专项资金基金等，吸引国内外服务型制造产业领导式人才、实战型专家、高技术人才等；通过深化产教融合，培养体育产业市场开发人才、企业管理人才、品牌营销人才、宣传与策划人才等大量技能扎实的实用性人才。

四、完善体育用品服务化发展生态

（一）完善体育用品服务化体系与营造良好市场环境

在体育强国和健康中国建设背景下，我国体育用品制造业服务化战略转型面临重要的机遇。一方面，国家对于发展体育产业依然有着强大的政策支持。2019年8月和9月，国务院办公厅印发《体育强国建设纲要》《关于促进全民健身和体育消费推动体育产业高质量发展的意见》，要推动体育产业成为国民经济支柱性产业,力争到2022年,体育服务业增加值占体育产业增加值的比重达到60%;另一方面,国内将大力培育健身休闲、竞赛表演、场馆服务、体育经纪、体育培训等服务业态,搭建信息、研发、培训、咨询、知识产权等服务平台,激发服务型制造企业市场活力和创新能力,完善服务型制造公共服务体系。国家扶持体育产业发展、刺激体育消费的意图明确,为体育用品制造业企业提供战略研究、规划制定、企业诊断、解决方案等综合性和专业性服务,未来体育消费需求将从传统的体育制造用品消费转向娱乐性消费及观赏性消费。据国家统计局公布的2017年经济运行数据显示,2017年国内体育娱乐领域消费同比增长15.6%,成为增速最快的消费升级类商品,而2018年主要经济数据显示,服务业增长对国民经济增长的贡献率为59.7%[1],其中体育与旅游、文化、健康、养老等产业融合发展不断激发新的市场需求。因此,体育强国和健康中国建设下推进需求侧消费升级,促进消费观念由购买产品向购买服务转变,为推动我国体育用品制造业向服务型制造转型营造良好市场环境。

(二)优化服务型制造产业资源配置,推进制造业向服务型制造转型

我国体育用品制造业在优化服务型制造产业资源配置方面,应该充分发挥市场在体育用品制造业与服务产业资源配置中的决定性作用,调节我国东部、中部、西部地区结构、产业结构、市场结构、企业结构失衡问题,切实解决各地区盲目出台招商引资政策、产业政策、项目服务政策、人才引进政策,以及体育用品制造业与服务产业结构趋同、市场无序竞争等问题。要更好地发挥政府在体育用品制造业与服务产业资源配置中的引导作用,引导社会资本、技术、人才等产业要素向体育用品制造业价值链高端的服务环节转移,提高产业资源配置效率、效果、效能与效益。在推进体育用品制造业向服务型制造转型中,从为市场提供产品的模式逐渐向提供基于"产品+服务"的模式转变,而位于产业链中游的是制造业产品制造环节。在传统制造业中以产品核心零件

---

[1]中华人民共和国,中央人民政府.国务院办公厅关于促进全民健身和体育消费推动体育产业高质量发展的意见[EB/OL].(2019-09-17)[2021-08-10].http://www.gov.cn/zhengce/content/2019-09/17/content_5430555.htm.

加工为企业价值增值的核心，通过客户对产品与服务的需求，在原有产品的基础上，进行服务创新，向客户提供基于产品相关或不相关的服务（即"产品+服务"整体解决方案），从而更好地满足客户需求，如生产性服务通过产业链上游的产品研发设计、可行性研究、产业构思与设计、融资、市场咨询等，提升产品的研发与自主创新能力；通过下游产品广告、市场推广与运输、品牌营销、人力资源管理、需求收集等服务，提升专业化水平，降低生产成本，实现制造企业价值增值；服务性生产通过各企业核心竞争力（核心零件加工、成品的装配、质检等）及制造业产业集群内各企业基于产品内分工、工艺内分工与协作创造价值。因此，制造业向服务型制造转型，要优化服务型制造产业资源配置，发挥政府在体育用品制造业与服务产业资源配置中的引导作用，通过引导社会资本、技术、人才等产业要素向体育用品制造业价值链高端的服务环节拓展延伸，帮助企业建立竞争优势，实现企业向服务型制造转型升级。

五、促进体育用品制造业产业集群发展

（一）打造服务型制造产业集群，推动服务型制造向网络智能发展

目前，全国已有60多个示范企业、110个示范项目、60多个示范平台成为制造业服务型制造的标杆和样板，这些示范企业、项目和平台将引领我国体育用品制造业向服务化转型。体育用品制造业作为我国体育产业的重要组成部分，随着体育用品制造业和体育服务业规模不断扩大，产业聚集效应明显。据统计，2016年我国体育用品及相关产品制造占体育产业总值的62.9%，体育服务业总产值为6827亿元，占体育产业总值的35.9%左右。截止2018年底，国家体育产业基地已经获批36个示范基地、55个示范单位、28个示范项目、相关高新技术企业307家，体育社会组织1962个，遍布全国31个省（市、区）。体育用品制造业产业聚集内以空间聚集为载体，整合关联性强的市场服务、金融服务、研发设计服务、供应链管理服务等服务资源，可以形成制造与服务协同发展，促进生产型制造向服务型制造转变[1]。因此，产业聚集效应是我国体

---

[1]李颖川.国家体育产业基地行业发展报告（2017—2018）[M].北京：社会科学文献出版社，2019：45.

育用品制造业向服务型制造转型的良好基础，要依托国家体育产业基地及示范基地、产业园区优势，构建产业联盟信息服务共享平台，形成产业集群内各企业与生产性服务业联合开发、优势互补、利益共享的协同服务机制，打造服务型制造产业集群。在互联网的驱动下，体育用品制造业产业集群内供给与需求的资源信息更加透明，资源配置的程度更加优化。中小型体育用品企业可以通过互联网发布需求，协同完成产品的设计、制造与交付，提升制造业的运行效率，降低经营成本，提高资源利用效率，推进体育用品制造业与生产性服务业协同发展，推动服务型制造向网络智能发展。

（二）提升体育用品龙头和领军企业示范带动辐射效应

高质量发展下体育用品制造业龙头和领军企业向服务型制造转型的路径可分为两个方向。一是集成服务转型路径，体育用品制造业龙头和领军企业可以利用本身具有的研发、设计优势，通过内部资源整合与外部资源并购方式，集成生产性服务企业的相关业务，形成大规模的服务集约化公司，提高产品开发效率，延伸服务业务和服务能力，满足各类型企业的生产性服务需求；二是合作服务转型路径，体育用品制造业龙头和领军企业与生产性服务企业、服务提供商合作，整合各企业的服务资源、业务、技术和能力，形成优势互补、资源共享的协同效应，在战略联盟中发挥各合作企业的核心能力，通过自营性服务和生产性服务满足客户从研发—生产—市场的各类服务需求，提高产品开发效率，向服务型制造转型。因此，应鼓励产业集群内体育用品制造业龙头和领军企业重点加强电子商务平台、供应链管理、总集成总承包、整体解决方案等网络平台的建设。通过整合汇集产业链两端的产品研发、技术创新、品牌营销、渠道维护等服务资源，建设服务型制造公共服务平台。产业集群内企业相互提供服务性生产与生产性服务，提升体育用品制造业上下游产业链协同生产、制造能力和效率，形成基于服务型制造网络服务平台的大、中、小体育用品制造业企业协同研发设计、生产、加工、制造、服务的良好生态。要更好地满足客户需求，更好地实现客户价值，帮助中小型企业建立"产品+服务"系统网络，提供品牌营销、研发技术、渠道建设和产品检测等一系列服务，增强集群内体育用品制造业龙头和领军企业对中小企业的辐射带动作用，提高中小企业的市场竞争力，实现企业向服务型制造转型。

六、提高体育用品制造业企业国际竞争力

（一）加强体育用品服务型制造业企业产业链、供应链安全

中国体育用品制造业以劳动密集型产业为主，在长期为国际品牌产品代工、贴牌、组装的标准化生产中，获得微薄利润，且始终处于"微笑曲线"的低端环节。而"微笑曲线"的两端是产品研发、设计、品牌、渠道、运筹、知识与服务等附加值高端环节，国外领先体育用品企业长期占据"微笑曲线"两端高附加值环节。中国体育用品制造业企业缺乏定价权和获利空间，面临"低端锁定""嵌入性依赖"等困境[1]。新冠疫情带来的全球经济重创，首当其冲的就是对全球产业链、供应链造成巨大冲击。虽然中国国内新冠疫情已相对稳定，已复工复产，但海外许多国家的疫情仍在蔓延，导致全球产业供应链上的许多制造业工厂不会在短期内得到恢复，甚至可能因为停产停工、没有订单和资金链等问题倒下。这些制造业工厂是全球产业链中重要的一环，一旦倒闭，重新建起来就需要一个过程，而我国体育用品产业的许多关键设备、零部件、元器件、配套件及高精尖产品高度依赖外商。所以，全球体育用品产业链的产品设计、原料采购、物运流输、订单处理、批发经营、终端零售等中高端服务环节供应链技术不完善[2]，会导致我国体育用品制造业供应链不完善，海外拓展业务受阻。因此，我国要加强体育用品服务型制造业企业产业链、供应链安全，加强对体育用品服务型制造重点行业、关键设备、零部件、元器件、配套件及高精尖产品国家和地区市场变化的监测分析，完善预警模型体系、快速反应机制，并及时发布预警信息，保障我国体育用品服务型制造业企业产业链、供应链安全。

（二）增强企业自主创新能力，拓展国际交流与合作

我国体育用品制造业要适应开放型经济由要素驱动向创新驱动转变，增强

---

[1] 国家制造强国建设战略咨询委员会，中国工程院战略咨询中心.服务型制造[M].北京：电子工业出版社，2016：104.

[2] 李廉水，刘军，程中华，等.中国制造业发展研究报告2019：中国制造40年与智能制造[M].北京：科学出版社，2019：29.

自主创新能力和服务能力,密切关注国际体育用品发展的主流趋势。围绕材质面料、功能开发、外观设计等新材料、新技术,配置资金链、技术链、产业链、创新链、价值链。构建以企业为主体,以产业联盟为依托,以市场化应用为导向,努力打造全球创新要素集散地和国际科技创新枢纽,努力打造"产、学、研、融"深度融合的体育用品制造业创新体系,加快中国体育用品制造业向全球价值链中高端迈进。体育用品龙头企业可以依托于长期积淀的科研技术、营销渠道、供应商、客户、合作伙伴、员工、资金等资源向平台化公司转型,将自身优势资源与中小型体育用品企业对接整合,形成平台企业之间的资源互动与产业生态系统的良性发展。也可以基于最新的云计算、大数据、移动互联网技术,专注于垂直型电子商务交易服务,为第三方企业提供IT、物流运输、品牌运作等一体化技术服务,转型成为在供应链管理服务方面具有竞争优势的服务型制造企业。通过企业核心技术与科学管理模式,重构产业链条,打造良好的供应生态圈,为其他相关企业和客户提供全套专业服务,从而获取盈利手段和竞争优势,实现服务化转型升级。另外,具有核心技术的体育用品企业可以顺应信息化发展与经济全球化趋势,拓展国际交流与合作,鼓励体育用品品牌企业和具有市场竞争力的企业积极走出去,参与国际竞争,可以依托"一带一路"沿线国家广泛开展创新模式的孵化与产业化合作,积极搭建国际化的技术、标准、服务平台,有效聚集全球创新资源,提升制造业企业的服务化运营水平和国际竞争力。

研究结论

　　本书是在教育部人文社会科学研究一般项目"中国制造2025背景下体育用品制造业服务化路径研究"（项目编号：18YJA890028）结项的基础上完成的。

　　在研究方法上，因为采用"因果分析—主成分分析"法、结构方程模型对我国体育用品制造业服务化路径选择进行研究，在实际研究工作中有些难度。所以，课题组主要采用田野调查法、案例分析法等，深入福建省晋江市安踏、361°等体育用品制造业企业，进行实地调研、现场访谈，获取一手材料，并对调研收集到的材料、数据进行分析加工，梳理安踏公司服务化发展的动力和动力机制，总结其服务化路径的探索实践与经验，为推动体育用品制造业服务化升级提供理论与实践指导。

致谢

  本书是在教育部课题"中国制造2025背景下体育用品制造业服务化路径研究"（项目批准号：18YJA890028）结项基础上完成的。感谢福建师范大学体育科学学院给予的大力支持！感谢课题组成员的无私付出！感谢刘志勇教授、赵少杰讲师、谢群喜讲师、许金富博士生、高景昱硕士、刘永生硕士积极、认真、严谨的参与！感谢研究过程中给予帮助和支持的业界专家和同仁们！